时代变迁中的"乌合之众"
集体行动的社会心理学解读

姚琦 / 著

引言

"黄马甲"运动、"黑人的命也是命"运动……我们几乎每天都能在新闻中看到示威抗议。虽然新闻频繁报道，但这并不意味着参与示威的抗议者占了人口的大多数。事实上，只有少部分人会选择参与其中，即使是大规模的社会运动，也未覆盖全球 10% 的人口。

社会运动的参与者在人群中占少数。但最近 30 年中，很多研究者发现，社会运动式集体行动发生的频率越来越高。还有研究者提出，社会运动已成为民主社会中表达政治诉求的惯常方式，并将其命名为"政治的运动化"（movimentization of politics）（Neidhardt & Rucht，1993）或"运动的社会"（movement society）（Johnston，2011）。根据 1999—2002 年世界价值观调查（World Values Survey，WVS）数据的分析结果，政治抗争已成为当代发达国家政治生活中的普遍现象，同时，它正在欠发达国家蔓延（Dalton，van Sickle，& Weldon，2010）。

读至此处，我们可能会思索一个问题：为什么有些人会选择参与社会运动，而大多数人不会作此选择？社会运动和集体行动研究者也一直在探索这个问题的答案。已有成果表明，答案并不像想象中那么简单。

1965年，经济学家奥尔森（Mancur Olson）出版了《集体行动的逻辑》(The Logic of Collective Action: Public Goods and the Theory of Groups) 这本书，其核心观点是，除非有强有力的动机，否则，理性的人是不会参与集体行动的。原因是，集体行动的成果由大家共享，即使不参与也不会吃亏，反而可以避免集体行动失败带来的风险，所以理性的人在经过权衡之后会选择"搭便车"，也就是捡个便宜。

这个理论听起来非常具有说服力，也具有一定的现实意义，但它的缺陷同样明显——它解释了人们为什么不参与集体行动，但没有很好地解释人们为什么参与集体行动。事实上，在完成这本书的过程中，全球范围内的抗议示威正此起彼伏，人们仍在频繁参与集体行动，这和奥尔森的理论显然不符。其内在原因是，奥尔森将个人的决策放在孤立的条件下去研究，没有考虑社交媒体、社会互动交流、群体认同以及团体中的信念和承诺等因素的作用。

社会心理学关注社会情境对人们的心理和行为的影响，它对理解人们参与集体行动的动机有很大帮助。社会心理学研究集体行动参与动机已有六七十年，在早期关于集体行动参与动机的研究中，受法国学者勒庞（Gustave Le

引 言

Bon）观点的影响，研究者主要将集体行动看作一种非理性、自发性、破坏性的失范行为，倾向于用"孤独、挫折、苦闷、迷茫"等词语解释集体行动。到了20世纪70年代，作为对这种非理性、情绪化解释的纠正，主流研究转向理性主义、结构化、组织化的解释取向。但研究者显然在相反的方向上矫枉过正，走得太远，完全忽视了情绪对集体行动参与动机的解释作用。直至20世纪90年代末，研究界才承认，从非理性向理性的解释取向转变是"将婴儿和洗澡水一起泼了出去"。近十几年来，情绪等非理性因素重新回到集体行动研究者的研究议程中。

当代国际社会政治变化风起云涌，经济发展日新月异，社会变化远比我们想象的更频繁和剧烈。快速的社会变化，无论是暴力的还是和平的，都是当今世界上每一个个体正在经历的生活现实。将集体行动置于快速的社会变化的大背景之下加以审视，了解这些社会变化如何与个体心理过程相关联，从而引发突然的、非线性递增的集体行动，以及集体行动又如何影响社会变革进程，对于有效应对快速的社会变化下的集体行动至关重要。

这本书聚焦于社会心理学如何解读人们参与集体行动的原因，特别关注时代变迁赋予集体行动研究的新议题，包括集体行动的文化差异、社会变化与集体行动的关系以及当代中国网络集体行动的特征等，呈现了本书作者与研究团队最新的研究成果。

　　我们以此书抛砖引玉，希望有更多的研究者关注集体行动，更深入地揭示集体行动背后的社会心理机制，为社会的和谐、健康发展助力。

目录

1 第一章 集体行动的前世今生：从"乌合之众""集群行为"到"集体行动"

2 群众及群众心理学：宏观社会视角
3 "乌合之众"：个体聚集而生的呼啸力量
5 心理群体：异质向同质的转化
5 领袖之于群众：典范和社会动员
7 群众叙事的延续：《群众与权力》
9 集群行为：中观互动视角
11 集体行动：理性视角的介入
12 为"集体"而"行动"？
13 集体行动≈社会运动与革命？
15 如何研究集体行动？
16 集体行动的研究历程

- 19　第二章　集体行动的参与动机：理性与非理性之争
  - 20　情绪与集体行动
    - 21　群体中的情绪的研究
    - 23　群体情绪："作为群体中的一员，我感到……"
    - 27　群体情绪的传递：情绪感染
    - 29　从群体情绪到集体情绪
    - 34　抗议运动中的情绪变化
  - 39　工具理性与集体行动
    - 39　资源动员理论
    - 40　集体行动的动机理论
    - 42　集体行动的效能路径
  - 49　社会认同与集体行动
    - 50　社会认同：从"我"到"我们"
    - 51　社会认同驱动的集体行动
    - 52　政治化社会认同
    - 55　集体行动中的社会认同
    - 57　集体行动对社会认同的反作用
    - 58　社会认同的影响机制
    - 61　将暴乱的种子扼杀在摇篮里
  - 63　道德信念与集体行动
    - 65　神圣的信念

目录

- 66　集体行动中的情绪助推器——道德信念与群体情绪
- 67　优势群体为弱势群体发声
- 69　个体差异、群体意识与集体行动：人格与社会心理学的整合
- 71　群体意识与集体行动的社会心理模型
- 76　个体差异、群体意识和集体行动
- 83　整合模型
- 85　未来研究方向

93　第三章　时代变迁中的集体行动

- 94　文化与集体行动
- 94　集体行动中的文化解读和意义构建
- 99　文化对集体行动过程的影响
- 105　文化视角下的集体行动研究
- 113　快速社会变化与集体行动
- 113　沸腾的社会
- 114　涌现的气泡——社会变化中身份的形成
- 118　过滤的气泡——走向极端的集群
- 121　"嘭"——爆发
- 123　不会终结？
- 125　互联网时代中国社会的集体行动
- 127　理性兼具感性的中国网络集体行动

130　　自组织导向的中国网络集体行动

133　第四章　我们的研究——调节定向理论视角下的集体行动

135　"我好还是大家好?"——调节定向对个人目标和集体目标选择的影响

136　　调节定向影响个体对代币系统的赋意

137　　长期调节定向的影响

139　　情境引发的调节定向的影响

140　　启发

141　可能性和重要性的战役：调节定向对集体行动承诺的影响

142　　调节定向影响集体行动的目标建构

144　　调节定向和集体行动目标的重要性和可能性的影响

147　　长期调节定向和集体行动目标的重要性和可能性的影响

148　　情境调节定向和集体行动目标的重要性和可能性的影响

150　　启发

152　"造反有理?"——调节定向对道德信念和集体行动参与意愿的影响

153　　敌对与温和的集体行动

154　　当道德信念遇到预防定向

155　　长期调节定向和道德信念的影响

目 录

157　　情境调节定向和道德信念的影响
158　　启发
160　调节框架和集体行动：个体自我调节与集体行动的
　　　　交互作用
160　　从歧视到集体行动：调节定向角度的建构
163　　促进定向和预防定向的自我差异的影响
165　　调节定向匹配和集体行动意向
167　　启发

173　**第五章　反思**

174　为什么人们会参与集体行动？
176　人们参与集体行动的动力
179　敢问路在何方？

183　**后记**
184　**参考文献**

第一章

集体行动的前世今生：
从"乌合之众""集群行为"到"集体行动"

集体行动（collective action）一直受到社会学、经济学、政治学、历史学、社会心理学、传播学、人类学等多门学科的普遍关注，可以说是一个跨学科、跨历史和跨地域的研究主题。其学术渊源可追溯至19世纪法国社会心理学家对群众（the crowd）心理的研究（Le Bon, 1896）。群众心理学到了缺乏大规模群众或社会运动的美国，就蜕变为关于"集群行为"（collective behavior）的研究。群众研究和集群行为研究虽然在现实基础、研究视角上存在差异，但都秉承勒庞所强调的非理性和冲动性思想传统。作为对非理性研究传统的批判和对国际范围内结构化、组织化新型社会运动兴起的回应，在20世纪60年代的美国，以理性姿态登上学术舞台的集体行动研究开始替代群众和集群行为，成为相关研究的主角。

这一章我们系统梳理了集体行动的发展脉络，从学术思想史的角度理解集体行动研究的学术传承和突破，同时展示了社会科学理论建构的一般规律——任何理论更替背后都有一套现实逻辑。

群众及群众心理学：宏观社会视角

科学的社会心理学虽然可以追溯到英国学者麦独孤（William McDougall）和美国学者罗斯（Edward Ross）在1908年不约而同出版的两本书——《社会心理学》，但这门学科最让人津津乐道的是对"群众"的探讨。法国学者勒庞的旷世之作《乌合之众：大众心理研究》[①]作为该领域的开拓性成果，其译本据不完全统计已有50余

[①] 勒庞的这本著作的法文书名为 Psychologie des Foules，英文译本的书名为 The Crowd: A Study of the Popular Mind。国内已有的几十种中文译本大多数由英文转译，最常见的标题是《乌合之众：大众心理研究》。

种，在社会科学著作的译本中名列前茅，在整个外文著作的译本中也实属罕见。在某种意义上，由法国大革命催生的对群众心理学（the crowd psychology）以及由此演变而来的集群行为和集体行动的研究，成为现代社会心理学一百多年历史上最精彩的另类叙事（周晓虹，2018）。

"乌合之众"：个体聚集而生的呼啸力量

群众心理学最为重要的社会背景是1789年爆发的法国大革命，革命主角就是"乌合之众"。他们既创造了历史，上演了最宏伟的革命剧目，也带来长达一个世纪的血腥、暴力和混乱。勒庞在《乌合之众：大众心理研究》中谈到，在攻打巴士底狱当天，被人群团团围着的监狱长仅仅因为在推搡中踢到了一位参与者，大众就推举这位原本是厨子的参与者用娴熟的切肉技巧割断了监狱长的喉咙。如勒庞所言，他们都"相信这是一种爱国行为"（勒庞，2004，p.139）。接着，这些由"除了少数职业无赖，主要是一些小店主和各行各业的手艺人"组成的造反者，在用包括凌迟在内的残忍手法屠杀了上千位"民族的敌人"后，又把关在监狱里"没用的"老年人、乞丐和流浪汉全部杀掉，"其中包括50名12岁到17岁的儿童"（勒庞，2004，pp.140—142）。勒庞正是基于对法国大革命中出现的一系列非理性心理现象的观察，将群众行为（crowd behavior）界定为一大群人突然同时作出的违反常规的行为。他认为这种行为完全不同于个体单独行动时的行为，而是奇怪的、病态的、情绪骚动的、无组织以及具有破坏性的行为（勒庞，2004）。虽然勒庞并非首位论述"群众"的学者，柏拉图（Plato）和马基雅维利（Niccolò Machiavelli）在其著作中都对此有所涉及，但勒庞首次洞察了群众的共有心理，"群众心理（the mind of crowd）成了群体心理（the group mind），且可以被认为是整个社会的心理"（麦克莱兰，2014，p.24），以至于莫顿（Robert Merton）这样评价："勒庞的这本著作所关注的主题，几无例外将注定成为所有社会心理学家，事实上也包括所有思考生存其间的社会世界的人们感兴趣的首要主题"（Merton，1960，VI）。需要注意的是，如莫斯科维奇（Serge Moscovici）所言，"群众"常常又被称为"大众"或"群体"（莫斯科维奇，2003，p.4），名称的多样化与日常生活中对crowd、popular、mass、group等术语及其他相似概念的模糊混用有关。本书在这里使用以往最普遍的翻译"群众"，用这一概念指代聚集在一起的一群人，并强调这一群人所具有的临时和易变的特征。

勒庞不仅界定了一个概念和现象，他还试图论述其背后的心理机制——群体性的暴动或骚动从何而来？作为保守主义思想家，勒庞虽然认定"少部分贵族阶级的精英，而非群氓，创造并引领了文明"（勒庞，2018，p.6），但他同时指出，只要是聚集成众，无论是什么阶级，也无论是否有教养，他们都会表现出冲动而非理性的一面。在《乌合之众：大众心理研究》中，他两次谈到，1789年8月4日晚参加国民会议的那些贵族"一时激情澎湃"，投票放弃所有特权，而他们任何一个人在独处时都不会有这种英雄主义的壮举。勒庞也提到，在雅各宾专政时期，那些议会的委员都是"举止温和的开明公民"，然而，他们一旦成群就成了"野蛮人"，正是这些人把"完全清白无辜的人送上断头台"，甚至在知道"明天这可能就是他们自己的命运"时也同样如此（勒庞，2004，p.22，p.171）。可见，群众的冲动性、破坏性独立于组成群众的个体的身份,其关键是个体的聚集。

心理群体:异质向同质的转化

从单个个体向社会群体和群众转化的必要条件是"心理群体"(psychological crowd)的形成。群众"并不总是意味着一些个体同时集中在一起。成千上万分散的个体……(也)能够获得心理群氓的特征"(勒庞,2018,p.15)。但只有单个个体意识到相互间的一致性,在精神层面凝聚起来,成为一种集体灵魂,才可能采取一致的行动,最后通过由集体行动向社会运动的转变,成为现实的"组织化"的社会群体。这种集体灵魂使个体的"感情、思想和行动完全不同于他们原来处于独立状态时的感情、思想和行动"(勒庞,2018,p.17),实现了群体中的个体从异质性向同质性的转化。一旦"异质性在同质性中湮没,无意识的特征(就会)占据主导地位",这种无意识包括本能、情感和性格等诸多非理性的先天因素,或者说"隐藏着不计其数世代相传的特质,正是这些特质构成了一个种族的灵魂"(勒庞,2018,p.18),支配着人们的行为。

领袖之于群众:典范和社会动员

群众与领袖的关系是解释群众形成和发挥作用的另一核心要素。勒庞吸收了马基雅维利"群众没有首领也就没有用武之地"(马基雅维利,2013,p.129)的观点,认为在群众的形成和维系过程中,领袖的作用不言而喻。这里的"领袖"并非单指高高在上的统帅,也包括基层的"小头目或煽风点火的人",前者提供给群众的是坚定的信念或者信仰,后者提供的是身先士卒的榜样(勒庞,2004,p.97)。

具体来说,领袖影响群众最重要的三种手段是:(1)断言法,即不理睬任何推理和证据,对某人或某事作出简洁有力的断言,这是让某种观念进入群众头脑中最可靠的方法之一。比如,希特勒在发动啤酒馆暴动时喊的"德国革命已经开始"是政治断言,"果珍喝热的好"是商业断言,它们在操作受众方面都有立竿见影的效果。(2)重复法,即断言如果要产生影响,就必须不断地重复。拿破仑说过,重复是最重要的修辞法,后来这句话演化为戈培尔的名言——谎言重复千遍就是真理。重复对信念塑造的意义在于,如果你耳边只有一种观念或一种声音,它最后就是你的全部知识疆域。(3)传染法,即所有情绪都会像流行病一样快速传播,在人们聚集成群的时候尤为如此。情绪的快速传播不仅造就了恐慌等突发性心理,而且凭借人类的模仿天性和反复刺激,也使得群众的行为趋于两极化(周晓虹,2018)。

弗洛伊德(Sigmund Freud)认为,勒庞对群体中领袖的作用的描述不够详尽,他在1921年出版了《群体心理学与自我分析》,试图进一步"揭示领导和群体之间关系的现实问题"(莫斯科维奇,2003,p.301)。弗洛伊德作为一位精神分析学家,一直关注在个体水平上从本能角度解释人的心理问题。然而,第一次世界大战的残酷和之后弥漫整个欧洲的反犹主义浪潮,使有犹太人血统的弗洛伊德感到周遭"安全殆尽,纪律松弛,暴民失控,度日如年"(Freud,1958,p.188),这促成他在学术上从个体心理向群体心理的转向。在这本书中,他将领袖和群众的关系还原为作为家庭核心的父亲与其治下的儿子间的关系，并以特殊群体（教会和军队）为例，阐述了群众对领袖的崇拜不过是一种因心理投射产生的自居或认同，即抛弃自恋，转为他恋。

虽然对群众的研究生发于对法国大革命中破坏性、冲动性的反社会规范现象的关注，但难能可贵的是，勒庞对群众的分析并不局限于此，他多次提到了群众的两重性：群众"的确在很多情况下都具有犯罪性，但他们也常常具有英雄性。轻而易举就可以使他们为了信仰或者思想的胜利牺牲自己……英雄主义显然有无意识的一方面，但历史的发展正是得益于这些英雄主义"（勒庞，2018，p.22）。这种观点与马克思对革命运动中流氓无产阶级的论述一致：他们既"能够做出轰轰烈烈的英雄业绩和狂热的自我牺牲，也能干出最卑鄙的强盗行径和最龌龊的卖身勾当"（马克思，恩格斯，2012，p.461）。对两极群众行为的转换起关键作用的是所处的社会情境以及领袖的作用：当它是问题群体时，整个社会氛围恐怖、压抑、暴戾、乖张；当它是英雄主义群体时，整个社会众志成城、万众一心。有时，两种极端行为的颠覆性转换发生在一夜之间。也许，正是出于对极端群体行为导致的社会动荡的恐惧，很多学者认同托克维尔（Alexis-Charles-Henri Clérel de Tocqueville）的观点，即希望在自己的国家和国民中，"看到的是缺点而不是罪恶；只要能少一些罪恶，宁可也少一些伟大的壮举"（Tocqueville，1945，p.262）。

群众叙事的延续：《群众与权力》

群众研究中另一个不可忽视的代表性成果是被麦克莱兰（John

McClelland）誉为近代"群众理论的唯一杰作"的《群众与权力》（*Mass and Power*，1960）。该书的作者是1981年诺贝尔文学奖获得者卡内提（Elias Canetti），他在"纵览了自人类起源之日起的全部群众经验"的基础上，耗时34年完成。卡内提年轻时曾亲身参与工人阶级的抗议游行，这种"亲身体验的最接近革命的事件"（麦克莱兰，2014，p.349），使得卡内提对"群众"有完全不同的理解。大众作为群体，之所以能够吸引人们投身其中，只是因为它能够使人获得"平等"之感，解除加诸人们的外在差异，即"级别、地位和财产的差异"（麦克莱兰，2014，p.350），因此，这是一种使大众真正成为大众的"释放"（discharge）。除了"平等"之外，大众的另外三大特征是：大众的人数越多越好，如果没有持续的人员的增长，大众就没有办法维持下去；大众喜欢聚集，聚集就是人与人距离的消除，就会克服因孤独而产生的无力感；大众需要导向，即需要"向着某个目标运动"（Canetti，1978，p.29）。

卡内提进一步提出"指令"（commands）和"蜇刺"（sting）的概念，论述大众与权力的关系。他认为，人们有追求平等的倾向，但现代社会是由指令者和隶属者组成的。如果说权力的本质是指令对向往平等的隶属者的伤害，人们不得不屈从指令，那么每一道"指令"自然会在人们的身体上留下痛苦的"蜇刺"。蜇刺的解除途径有两种：（1）日常的途径，比如士兵可以通过获得提升，从听命者变为发号施令者，"他一旦发号施令，就开始抖掉了身上的一部分蜇刺"（Canetti，1978，p.315）；（2）造反的途径，即通过群体行动的方式，"他们联合起来，攻击由其他人组成的群体……以摆脱指令的蜇刺"（Canetti，1978，p.328）。在卡内提看来，大众的暴力行为并不是非理性的或无意识的，而是摆脱权力对大众的伤害的努力。

集群行为：中观互动视角

以勒庞为代表的群众心理研究根植于欧洲轰轰烈烈的政治背景，这种思想到了缺乏大规模群众或社会运动的美国，就蜕变为美国社会学中关于"集群行为"（collective behavior）的研究。值得注意的是，"集群行为"的概念是由法国社会学家涂尔干（Emile Durkheim）首先提出的。与勒庞出版《乌合之众：大众心理研究》几乎同时，涂尔干在《社会学方法的准则》（*Les Règles de la Méthode Sociologique*，1895）一书中，对集群行为和个体行为进行了明确区分。他认为集群行为不是个体行为的总和，两者有本质的区别。团队成员的互动使个体心理聚合成为一种集体心理，这种集体心理能解放人们长期被社会道德和规范压抑在潜意识中的共有本能和欲望、激情，驱动个人在集体的环境中不再被理智控制，而是按照一种非理性的模式去行动，这也使得集群行为总体上表现出冲动性、易受暗示性和苛虐性等特征（张克荣，1997）。如果说群众心理学关注宏观层面的大规模社会骚乱或国家动荡，那么集群行为更关注中观群体层面的不安和骚动，并越来越多地将其与日常生活相关联，日常的休闲活动、流行时尚与狂热举动，以及经济危机时蜂拥去银行挤兑、股票投机、球迷骚乱和街角青年的聚众滋事等，一并进入集群行为的研究范围。

美国芝加哥学派社会学家帕克（Robert Park）与伯吉斯（Ernest Burgess）吸收了涂尔干的学术思想，在两人合著的《社会学科学导论》(Introduction to the Science of Sociology, 1921) 一书中, 首次将集群行为正式纳入社会学的研究领域。帕克认为, 集群行为是一种在共同和集体情绪冲动的影响下发生的个人行为, 是一种冲动。换句话说, 集群行为是社会互动的结果。没有他人在场, 没有社会互动, 就不会有集群行为 (杨松, 1996)。随后, 符号互动论的代表人物布鲁默 (Herbert Blumer) 发展了帕克等人有关群众和集群行为的思想, 尤其是对相关概念作了类型学划分。首先, 首次明确区分了群众 (crowd)、大众 (mass) 和公众 (public) 这三个概念: "群众"是因共同关注而聚集在一起的人; 大众和公众则是分散的、由媒介互动形成的群体, 公众与大众唯一不同的是, 公众具有更共同的利益关涉。其次, 群众又可以分为偶合群众、常规群众、行动群众和表意群众四个亚类型。由此, 勒庞等人研究的群众就被窄化为"行动群众"这一亚类型 (周晓虹, 2018)。之后也有学者尝试对集群行为下定义和分类。如社会心理学家米尔格拉姆 (Stanley Milgram) 认为, 集群行为"是自发产生的, 相对来说是没有组织的, 甚至是不可预测的……它依赖于参与者的相互刺激"(巴克, 1984, p.176); 波普诺 (David Popenoe) 将集群行为定义为"在相对自发、不可预料、无组织的以及不稳定的情况下对某一共同影响或刺激产生反应的行为", 并认为相对于组织行为和社会行为, 集群行为缺乏事前确定的组织程序和制度规范, 同时也是不断变化的, 是一个动态发展过程 (波普诺, 1999, p.594)。这一时期学者对集群行为的定义虽然在表述上有所不同, 但都秉承勒庞强调的聚众的非理性和冲动性, 都偏好符号互动论视角的解读。

基于以往研究对集群行为的界定和描述, 集群行为具有四个主要特征：

其一，自主性。集群行为通常是无组织的，或者组织较为松散，参与者并不具有符合当时情境的组织成员的身份或地位，其行为也不受特定组织规范的束缚，表现出非世俗性和相对自由性。

其二，去个性化。集群行为中的个体通常会丧失自我身份，特别是在某种集体情绪和共同心理形成之后。

其三，情绪性和反社会性。集群行为中个体的自我理性通常会减弱，表达意见时高度情绪化，这会助长反社会的思想和意念，从而表现出违反社会规范且不稳定的行为。

其四，循环反应。集群行为发展扩大的一个重要机制为循环反应，即某些人对特定刺激的反应会刺激其他人作出更强烈的反应。

集体行动：理性视角的介入

到了20世纪60年代，集群行为研究日渐式微，群众和集群行为研究所偏好的非理性传统不断受到学术界的质疑，其中经济学家奥尔森在1965年出版的《集体行动的逻辑》中所表达的"理性人假设"所带来的冲击最为致命。与此同时，西方整体社会状况也发生了很大的改变——20世纪初如火如荼的工人运动整体走向衰落，取而代之的是层出不穷的妇女运动、学生运动、绿色和平运动、环境保护运动、动物权益保护运动、同性恋维权运动等。在形式上，新的社会运动的无理性和暴力色彩大为减弱，其组织性、结构性尤其是持续性明显增强（周晓虹，2018），这使得"集体行动"进入社会科学界的视野，逐渐替代集群行为而成为此类研究的合法术语。

为"集体"而"行动"?

对集体行动的定义可谓百家争鸣,但从学术研究的角度来看,如果某一概念的定义未达成一致,对现象更深层次的理解(如前因变量、结果变量、机制过程等)就无从谈起。当前,怀特(Stephen C. Wright)等人提出的定义"一统天下":如果某人像所属群体的典型成员那样去行动,且其行动旨在改善所属群体的状况,他就是投入到集体行动中(Wright,Taylor,& Moghaddam,1990)。怀特在2009年又进一步从以下几方面发展了集体行动的内涵:第一,是否为集体行动不取决于参与者的数量,即使不在同一地点,人们也有途径参与代表其所属群体的集体行动。第二,集体行动是集体性行动,而非个体性行动。这里指行动获益方,那些完全被个人利益驱动的联合行动不被认为是集体行动。不过,目前这一点尚存争议,与一些社会心理学者的看法不同,他们认为,即使一些行动者主要依据工具理性思考并决定参与某项行动,但只要该行动客观上有利于某群体性目标达成,这些人参与的行动仍可称为集体行动。第三,个体参与旨在提高外群体地位的行动也属于集体行动范畴。现实中有这样一种现象:一些优势群体(advantaged group)成员行动起来支持劣势群体(disadvantaged group)或其成员,但他们并不是劣势群体的典型代表,而且行动如果成功,反而有可能危害其所属优势群体的地位和利益,很明显,此类行动不符合之前提到的经典的集体行动定义。不过,这可以通过麦加蒂等人(McGarty,Bliuc,Thomas,& Bongiorno,2009)提出的基于观点的群体(opinion-based group)

的概念得到解释。譬如，支持种族平等观点的群体中既可能有少数族裔成员，也可能有白人；持女权主义观点的群体中既可能有女性支持者，也可能有男性支持者。如此一来，该类行动就符合集体行动的定义了，优势群体成员不再是代表外群体，而是代表新形成的基于观点的内群体。

集体行动≈社会运动与革命？

为了更好地理解集体行动的内涵，需要将集体行动与相关概念区分开。美国芝加哥大学的赵鼎新教授认为，所谓集体行动，就是有许多个体参加的、具有很大自发性的制度外政治行为，其与社会运动、革命同归于制度外的集体性政治行为，而三者在参与规模、组织化程度以及诉求目标上有所差异（赵鼎新，2006）。相对于集体行动，社会运动主要指有许多个体参加的、高度组织化的，寻求或反对特定社会变革的制度外政治行为；革命则是有大规模人群参与的、高度组织化的，旨在夺取政权并按照某种意识形态对社会进行根本改造的制度外政治行为（赵鼎新，2006）。

国内学者结合我国国情，也尝试辨析集体行动与相关概念。中国社会科学院研究员单光鼐从诉求、组织化程度、持续时间和对制度的扰乱程度等方面，将"自下而上"的体制外行为分为集体行为、集体行动、社会运动和革命，并认为中国目前的群体性事件主要表现为集体行为和集体行动，是广义社会运动的初始阶段（覃爱玲，2009）。王国勤（2007）则认为：在中国的研究背景下，集体抗争、维权行动、群体性事件、社会冲突、社会运动、集体行动等构成了一组具有

"家族相似性"的概念。这里的群体性事件指基于某个特定或不特定的事件或目标，或为了满足某种需要，纠集一群不特定的人，在高涨的情绪下，或请愿，或游行示威，如球迷、歌迷、影迷聚众闹事，罢工，罢课，游行，示威，非法集会，阻塞交通，围堵党政机关。如2018年4月TFboys演唱会前夜，众多粉丝在场馆外聚集并大声呼喊口号，导致最后一次联排取消。不同于上文提到的初级集群行为和大众行为，群体性事件的参与者相对集中，他们可能属于同一个组织，如TFboys的粉丝自称"四叶草"。虽然群体中每个人的期望不同，但都具有较一致的行动目标，维持时间短暂且不稳定。

需要说明的是，由于社会文化及社会制度的不同，中西方学者的研究角度存在差异，西方国家实质上并没有"群体性事件"这一说法，对游行、示威、罢工、球迷闹事等活动通常直接以事件的名称来命名（王彩元，2003），如法国"黄马甲"事件。为了整合国内外已有的定义和分类，本书将群体性事件（这里指广义上的群体性事件）和社会运动都纳入集体行动中。

集体行动是社会变革的重要力量，有些集体行动形式相对温和，如和平游行、联名上书、请愿等，而有些相对暴力，具有攻击性，如法国"黄马甲"抗议运动中的打砸抢烧事件，巴黎最繁华街区的名胜、商店惨遭打砸抢烧，香榭丽舍大街、凯旋门、卢浮宫等无一幸免。前者被称为"常规集体行动"（normative collective action），顾名思义是指符合社会规范（包括道德、法律、意识形态等既存规则）的行动模式，形式温和、平稳、可控；后者被称为"违规集体行动"（non-normative collective action），指违背了规则的行为策略模式，是暴力、充满攻击性和破坏性的。不同类型集体行动的表现形式不同，对社会生活产生的影响也不同。

如何研究集体行动？

与之前的群众和集群行为研究多理论论述不同，集体行动研究重视实证研究证据对理论观点的支持。已有的关于集体行动的实证研究主要采用问卷调查法和实验法。近十年来，质性研究方法在集体行动中的应用逐渐增多，如对集体行动参与者进行访谈（Aelst & Walgrave, 2001）、观察或直接参与式研究（Drury & Reicher, 2005），也有一些研究者分析有关集体行动的媒体报道（Koopmans & Statham, 1999）或运动组织的出版物等。不同研究方法从不同的角度衡量集体行动，集中体现在（行动）态度、（行动）倾向、实际参与行为及其历史报告等方面。

对于实现集体行动研究的实践价值，如预测和控制，直接测量实际参与行为最为有效，但实际参与行为本身仅仅反映了集体行动心理动力过程的一个方面。如果能够同时探索实际行为发生之前的步骤，就可以帮助我们更深入地了解集体行动的过程和机制。通常，集体行动的参与模式可划分为四个阶段或步骤：首先，人们由于认同某项运动的政治或策略性目标而成为该运动的潜在动员对象，这时人们还只是态度支持；随后，人们正式成为该运动的动员对象；接着，人们产生了参与该运动的动机；最后一步即人们冲破重重障碍（如时间、金钱、可能坐牢的危险，或承担其他责任）参与行动（Klandermans & Oegema, 1987）。

集体行动的不同操作方式对应着"四步模型"的不同步骤。例如，采用实验的方法设置一个情境，考察弱势群体（如女性、少数族裔成员）个体对集体行动的态度（Wright et al., 1990），这可以以对应该模型的第一步或者更早的心理过程；调查社会运动组织成员的行为意图则适用于该模型的第三步（Simon et al., 1998）；观察、采访抗议示威现场参与者的研究适用于该模型的第四步（Drury & Reicher, 2005，2009）。集体行动的不同操作方式，与不同参与阶段的心理机制都有对应关系。因此，只有在集体行动研究中采取多样化研究方法，才能对集体行动背后的心理过程作出最全面的描述和解释。

集体行动的研究历程

自奥尔森提出集体行动理论后，在学术界理性主义视角开始占主导，研究者主要来自社会学和政治学领域，认为集体行动是有效利用社会资源或政治结构性机会的产物，代表性理论是资源动员理论（McCarthy & Zald, 1977）和政治过程理论（McAdam, 1986）等。20 世纪后期，集体行动研究者意识到，将集体行动还原为一种结构化的理性过程，完全忽略情绪在集体行动中的作用是不妥当的，随后，情绪逐渐回归集体行动研究的舞台（Goodwin, Jasper, & Polletta, 2001; Jasper, 1997），社会认同、意识形态等因素也被引入集体行动研究中。

当代社会心理学视角下的集体行动研究舞台上有两个代表性团队：一个是以荷兰社会心理家克兰德曼斯（Bert Klandermans）为代表的欧洲研究团队，该团队从 20 世纪 80 年代起一直关注个体参与集体行动（早期以"社会运动"为术语）的过程机制（Klandermans,

1984；Klandermans & Oegema，1987）；另一个是以加拿大社会心理学家怀特为代表的北美心理研究团队，如前所述，他们重新定义了社会心理学视角下集体行动的内涵，被当今学术界接受。从社会心理学视角下集体行动研究的复兴直至今天，涌现了大量相关理论和实证研究成果，构成集体行动社会心理学研究的当代阶段。

第二章

集体行动的参与动机：
理性与非理性之争

人们为什么进行集体行动？这一直是集体行动研究者感兴趣的问题。人们为什么会为了一个普通的理由而牺牲健康，或者牺牲愉快、无忧无虑的生活，有时甚至牺牲他们的生命？这个问题带领我们关注个体分析，从而进入社会心理领域。社会心理学家认为，人生活在一个自己感知的世界里。随着对世界的感知和解读，人将对世界作出反应。事实上，社会心理学视角下的集体行动就试图解释人们为什么会在看似相同的情境下，有着截然不同的反应。社会心理学研究人们的思想、情感和行为的原因，最关注社会影响在其中的作用，它对于理解集体行动的参与动机有很大帮助。

情绪与集体行动

徐中约曾在《中国近代史：1600—2000 中国的奋斗》一书中这样描述五四运动，"这场游行很快就引起公众愤懑情绪的爆发、民族主义的宣泄、对西方的深深失望及对'卖国的'北京军阀政府的强烈谴责"（徐中约，2013，p.377）。可见，人们对社会和政治环境的反应是有情绪化的一面的（Van Zomeren et al.，2004）。情绪之于集体行动的作用类似加速器或放大器（Van Stekelenburg & Klandermans，2007）："加速器"意味着情绪加快了集体行动的参与动机向实际行为的转化，而"放大器"意味着情绪使这些动机更强。例如，2018年，韩国民众因日本三菱集团向日本侵华战争中的中国受害劳工道歉而发出疑问：凭什么只向中国道歉？韩国民众反日情绪全面爆发，韩国发生大规模游行。2018 年 5 月，适逢泰国军事政变 4 周年，因政府迟迟不举行大选，泰国部分民众情绪失控，走上街头开始游行

第二章 集体行动的参与动机：理性与非理性之争

抗议。2018年11月，法国人民不满燃油税上调政策，而政府对此不作回应，此举迅速激发人民愤怒情绪，"黄马甲"示威抗议运动爆发……

情绪性是群体生活的固有属性。社会互动是情绪的主要促发因素，很多情绪发生在群体背景中或群体事件中；同时，情绪又反过来影响群体过程。然而，有关情绪在社会集体中的作用这一基本问题仍然没有很好地解决。群体水平现象如何影响群体成员的情绪体验和表达？情绪表达如何在群体中识别、解释和共享？这种表达又如何影响群体成员以及外在观察者的情绪、认知和行为？我们首先将情绪放在更广阔的群体研究背景下，梳理其研究历程；在此基础上，简要介绍社会心理学对群体情绪和集体情绪的产生及其社会心理机制的理论解释和相关研究；最后，以国际上影响极大的法国"黄马甲"事件为例，分析情绪在集体行动中的作用。

群体中的情绪的研究

学术界对情绪与群体动力交互作用的兴趣可以回溯到勒庞有关集群行为中群体心理的作用的经典著作（Le Bon，1895）。勒庞认为，任何个体在足够时间内沉浸在一个大群体中，都会处于一种特殊状态——高情绪性和冲动性，失去推理能力，缺乏关键的判断。与之相似，麦独孤将集群身份的体验描述为被某种无法控制的力量迷惑（McDougall，1923）。勒庞与麦独孤都认为，集体情绪具有超越个体成员意识的特质，且具有消极作用。几乎在同时代，涂尔干（Durkheim，1912）持更积极的观点，认为在社会聚集中共享的集体情绪能强化共同的思想、价值和行为，由此产生的集体沸腾促进了社会凝聚力。可见，早期的理论对集体情绪的具体作用的论述不尽相同，但都认为集体情绪的产生是潜意识的、非理性的。

尽管这些早期观点令人兴奋，但有关情绪和群体关系的研究直到近期才引发集体行动研究者的关注。群际关系领域中关于情绪的研究催化了研究者对这一主题的兴趣。有关群际关系中情绪的研究显示，情绪不仅能在个体水平体验，也能在群体水平体验。很多研究显示，当人们代表他们认同的群体时，会体验到情绪（Doosje et al., 1998）。同时，有关刻板印象和偏见的研究也开始引入情绪，发现人们对其他群体的看法具有丰富的情绪内容，这些情绪内容影响人们如何加工有关其他群体的信息（如 Leyens et al., 1998）。

当代对群体中情绪作用的研究更多地回应了涂尔干（Durkheim, 1912）的积极观念，而非勒庞的消极观念。这些研究发现，情绪在群体中发挥着关键的社会功能——发展和维持人际联结、群体凝聚力和群体认同，帮助成员处理群体问题、责任的划分和群体成员中权力角色的谈判，推动集体行动目标的实现。

随着情绪评价理论（如 Smith & Lazarus, 1990）的兴起，上述社会心理学中群体和群际关系领域对情绪的研究得到推进。相比效价模型的划分，根据相关联的评价和行动倾向区分不同的离散情绪，有助于更细致地解释对其他群体的不同信念和反应。随后，情绪的认知视角与社会认同理论的基本要素相结合，形成整合型理论框架——群际情绪理论（Mackie et al., 2000; Smith, 1993）。该理论认为，当群体身份成为自我的凸显部分，个体开始代表群体感受情绪。该观点引发对群际关系中情绪的研究，相关研究结果一致显示：群体情绪不同于个体情绪，它独立变化并影响随后的行为。

群体情绪："作为群体中的一员，我感到……"

群体情绪（group-based emotion）也称"群际情绪"，是指依赖个人在特定社会群体中的成员身份的情绪，这种情绪是对与整个群体相关的事件作出反应的情绪（Goldenberg et al., 2014）。简言之，群体情绪是基于群体产生的个体水平的情绪。群体情绪的主要特征是，个人会对那些没有给自身带来任何影响，但对群体其他成员或群体带来影响的事件产生强烈的情绪反应。此外，基于群体自尊、自豪、内疚感等内群体的情感体验，也能构成群体情绪的客体。

相对剥夺理论

早期的集体行动研究主要关注客观的社会结构变量，但客观的社会结构变量不能有效解释为何一些弱势地位群体行动起来，另一些弱势地位群体却"按兵不动"。后来，学者逐渐从研究客观不平等的结果转换到研究人们主观不平等体验的结果。他们发现，在军队中，宪兵虽然晋升很慢，但宪兵比晋升很快的空军医护兵更知足（Stouffer et al., 1949），对此的解释是，宪兵不会与空军医护兵比较，没有体验到剥夺感，所以会更知足。在此基础上，发展出相对剥夺理论（relative deprivation theory, RDT）。该理论认为，人们会将自己的情况与一个标准相比较——标准可以是一个人过去的情况、别人的情况或一个认知的标准（如公平、公正）(Folger, 1986)。如果比较的结果是个体得出"我没有得到应有的待遇"这样一个结论，他就将感受到相对剥夺感。相对剥夺理论认为，只有体验到不公时，社会比较才可能导致不满情绪。但是，直接将相对剥夺感当作集体行动的主要前因变量会遇到两个问题。

首先，相对剥夺理论最初是针对个体提出的，研究表明，个人水平上的相对剥夺感并不能有效预测一个人是否参与集体行动。朗西曼（Runciman，1966）在相对剥夺理论中引入个体相对剥夺感和群体相对剥夺感这两个概念。研究发现，群体基础上的剥夺体验才有可能导致集体行动，而个体剥夺感只与个体行动相关（Smith & Ortiz，2002）。福斯特和马西森（Foster & Matheson，1999）发现了更复杂的关系，他们证明当群体经历与个人经历相关时，抗议的动机将增加；同时感受到个人剥夺感和群体剥夺感的人是有最强的动机上街游行示威的人。在元分析的基础上，范索梅伦等研究者（Van Zomeren et al.，2008）得出这样的结论：与情感成分（不满、愤慨等情绪）相比，相对剥夺感的认知成分（在观察中反映为一个人的所得比平均获得的更少）对参与行为的影响更小。

其次，即使出现不满甚至极度负面的情绪，也无法预测个体将采取的行动方式，群体相对剥夺感并不必然引发集体行动（Tajfel，1982）。更直接地讲，不满甚至极度负面情感的出现，都不能预测采取行动的形式。情绪的认知视角在一定程度上回应了上述缺憾（Smith，1993）。

情绪评价理论

情感体验是情境和个人特质的函数（Kuppens & Tong，2010）。这意味着是一个人对情境的看法而不是情境本身导致了情绪反应。情绪评价理论（appraisal theory of emotion）的核心观点是，相似的情况或事件是否会引起个体间的情绪反应差异，取决于个体特定的主观评估。许多实证研究已经证实了这一点。例如，舍雷尔和切斯基（Scherer & Ceschi，1997）以在机场丢失行李的乘客为研究对象，在这些乘客与机场相关工作人员沟通后，对他们进行了访谈，并评估他们与工作人员互动前后的情绪状态，结果表明：（1）目标的可行性是情绪的最重要的预测因素——当人们感知到目标很难实现时，容易愤怒和担忧；感知到目标容易实现时，则容易冷漠。（2）仅次于目标可行性，应对能力也是比较重要的情绪预测因子——当乘客认为自己有足够的能力应对行李丢失事件时，会更容易愤怒；反之，则更易悲伤和难过。可见，人们对同一件事（如丢失行李的经历）会产生不同的情绪反应，导致不同的行为倾向。

群际情绪理论

情绪评价理论能有效地解释个人的情感体验，然而，在情感评估中，"自我"不只是一个人或个体本身。如果群体成员身份成为自我的一部分，对群体利益相关的事件也会被视为与自己的利益相关。研究者将个体水平的情绪评价理论与群体水平的社会认同和自我分类理论结合，提出群际情绪理论（intergroup emotion theory）。群体情感理论研究的中心议题是群体情感和集体行动之间的关系，主要假设是：当一种社会身份凸显时，对情境的评估将基于情境对内群体的影响，由此引发特定的群际情感和行为意向；群体情绪，尤其是群际愤怒情绪，是群体状况评价与特定集体行动反应倾向间的桥梁（Dumont et al.，2003；Van Zomeren et al.，2004）。近年来的研究证实，群体愤怒的水平与群体认同水平具有正相关，这些群体情绪还会引发其群体成员对外群体的攻击和敌对行动（Dumont et al.,2003；Van Zomeren et al.，2004）。

群际情绪理论虽然指出了特定情境下的愤怒等群际情绪是集体行动的准备状态，但对于群际情绪的前因和后果，目前仍存在很多争议。

首先，对于群际情绪在集体行动中的作用，群际情绪理论自身的假设暗示了群体认同是群际情绪产生和评价的基础。而近期研究发现，集体行动中的个体都会普遍体验到群际愤怒情绪，它不是一个变量，而是一个常量，因此难以构成一条独立、直接的路径去影响集体行动（Stürmer & Simon，2009）；群际情绪仅仅在行动因果链的早期阶段扮演过角色，之后（政治）社会认同成为参与集体行动的近端推动力（Stürmer & Simon，2009）。

其次，对于情绪和理性路径间的关系，范索梅伦等人（Van Zomeren et al.，2009）提出的情绪和理性相对独立的双路径模型至今仍有很强的影响力，但随后的很多研究将群体情绪看作不合理感知或不公平感知的结果。从这个角度来看，群体情绪的作用是作为不公平感知的情绪结果，激发对抗性行动倾向，继而产生集体行动。怀特（Wright，2009）也认为情绪和理性并不完全对立，情绪可能作为认知过程或理性思考的结果或其影响因素，与认知过程纠结在一起。德鲁里和赖歇（Drury & Reicher，2009）提出的积极情绪和授权过程的交互作用就是一个很好的例子。

最后，受有关相对剥夺的研究历史的影响，已有研究多探讨群际愤怒对集体行动的影响。近来的研究发现，不同的群际威胁会产生不同的情绪反应，特定的群体情绪会产生相应的态度和行为（Neuberg & Cottrell，2002；Walker & Smith，2002）。例如，相对于其他情绪，生气或愤怒对集体行动（特别是对抗性集体行动）更具预测作用（Baumeister et al.，2007；Lerner & Keltner，2001）；另外，研究者普遍认为，害怕主要与回避性反应有关，对集体行动有抑制作用（Mackie et al.，2000；Roseman，1984），但也有研究表明，恐惧情绪会促进集体行动参与倾向（Van Zomeren & Iyer，2010）。

群体情绪的传递：情绪感染

2018年1月以来，美国、韩国接连爆发如火如荼的"Me Too"运动，部分民众以反性侵为主题走向街头，发生多起大规模游行示威活动。同时，人们纷纷在社交平台发言，言语中充满愤怒和不满，这些通过网络持续发酵后，使人们的愤怒情绪愈发高涨。

在许多热点事件出现后，有些人并没有产生相应的感受和情绪体验，但随着事件的持续发展，越来越多的人公开表达对事件的评价及不满、愤怒等感受。那些本来没有卷入事件中的人，是如何一点点受其影响，逐步卷入的呢？个体又是如何受其他人的情绪影响，被社会中大部分人的情绪"感染"呢？

他人愤怒，我也愤怒

"情绪感染"，这不是一个陌生的词，日常生活中人们或多或少都会接触到。在家庭聚会中，工作不顺心的爸爸如果心情不好，全程"低气压"，聚会气氛会因此变得压抑；古代君王和将领上战场之前，无论胜算如何，总会站在队列前或城门上鼓舞士气，让士兵们情绪高涨，齐声大喊口号，仿佛浑身充满了自信和力量……

麦独孤（McDougall，1923）最早给情绪感染（emotional contagion）下了定义，即通过原始性交感神经反应产生的情绪直接感应法则。也有学者认为情绪感染指人们通过捕捉他人的情绪来感知周边人的情感变化的这一交互过程（王潇，李文忠，杜建刚，2010）。有关情绪感染的定义有很多，所有的定义都普遍认为这是由他人情绪引起并与他人情绪相匹配的情绪体验，是一种情绪传递的过程。

模仿—反馈机制

学者们对产生情绪感染的机制展开研究，提出多种理论假设，其中最具影响力和说服力的是模仿—反馈机制理论。

大量研究已经证实，人们能够同步模仿他人的表情、声音、姿势以及动作，即模仿这些情绪的时间间隔非常短暂，几乎是同步的（Hatfield et al.，1993）。有学者甚至提出，这种模仿是一种天然的回应，就像我们看到一记重拳打向另一个人的腿或者手臂时，我们总是不自觉地收缩自己的腿或者手臂（Smith，1976）。有研究记录了瑞士大学生在观看包含人类的愉快、悲伤、愤怒、恐惧和惊讶等表情图片后的面部表情，发现带有不同情绪的脸引发大学生不同的肌电图记录——当大学生观察到愉快的面部表情时，他们的面颊肌肉群展现出更丰富的肌肉活动；当他们观察到愤怒的面部表情时，他们的眉头肌肉群展现出更丰富的肌肉活动（Lundqvist & Dimberg，1995）。

个体不但会模仿他人的情绪，其情感体验也时刻接收对面部表情、声音、姿势和动作的模仿所带来的反馈与刺激。理论上，情感体验是基于大脑神经中枢发出的模仿指令，形成面部表情、声音、动作模仿的输入性反馈，这是一个无意识的自我认知过程。在这一过程中，个体根据自身的表情行为，推断自身的情绪状态（Darwin，1965）。情感体验会明显受面部肌肉回馈的影响：一方面，一种情绪的外在流露将进一步强化这种情绪；另一方面，尽可能地控制外在情绪表露将削弱自身的情绪（Laird & Bresler，1992）。没有控制自身恐惧的人会经历更强的恐惧；同理，陷入忧郁的人很容易被具有相似情绪的人带动，无法恢复平和的心态。目前研究尚不清楚的是，面部表情回馈与情绪是如何准确建立相互联系的。此外，艾克曼（Ekman，1993）认为，情感体验与自动神经系统活动都会受面部表情反馈的影响。研究者要求被试通过两种方式展现六种情感（惊奇、厌恶、悲伤、愤怒、恐惧和高兴）——根据自身经历来唤起，或者只是通过面部肌肉运动来实现，结果发现，通过这两种方式展现某种情绪表达对于自动神经系统也是有作用的，能够使之与所表现的情绪保持一致。由此，学者们认为，面部表情展示可以激发具有一致性的自动神经系统活动。此外，一些研究成果也显示，情绪受声音反馈（Hatfield et al.，1993）、姿势与动作反馈的影响。

从群体情绪到集体情绪

集体情绪：群体共享的情绪

集体情绪（collective emotion）指在某种社会中大部分个体同时分享和感受的群体情绪（Goldenberg et al.，2014），即大多数人共享的情绪。群体情绪和集体情绪的区别在于，群体情绪是对群体相关事件的个人情绪体验，而集体情绪是把集体作为一个整体体验到的情绪。可见，个体经历的情绪不仅仅是对个人生活事件的反应，也是对集体或社会经验的反应，集体情绪在塑造个人和社会对冲突事件的反应以及促进社会环境的演变方面起关键作用。

在现实生活中，人们常常在群体中与他人共享情绪事件，如一起观看球赛，一起参加抗议活动，出席婚礼（葬礼），等等。当个体与他人在群体中共享情绪事件时，影响个体情绪的因素除了情绪刺激本身（如球赛的精彩程度）之外，还包括群体及社会情境（如他人的情绪反应）。这种差异导致"群体共享情绪"不同于个体情绪。一方面，大量研究表明，在群体中与他人共享情绪事件会导致群体情绪的汇聚（emotional convergence），即群体成员的情绪趋于一致的现象（Barsade & Gibson，1998）；另一方面，直觉经验以及描述性证据表明，相比个体独自经历情绪事件，在群体中与他人共享情绪事件会增强个体的情绪体验，即表现出群体共享情绪的放大效应。因此，在个人抗议与集体抗议中人们的情绪是不同的。例如，对于某社会热点事件，有些人想发声，但是敢怒不敢言，但如果与其他人一起参与抗议行动，之前的情绪就会被放大，被表达出来。2018年上海某高校"禁止外卖进校园"舆情一度登上微博热搜榜，部分学生对"禁止外卖进校园"感到不满，有相同诉求的学生群体发起请愿活动，后来越来越多的学生加入其中，不满和愤怒情绪就大大增强。

共享经历会影响个体的态度、信念、信息编码、目标寻求以及感知觉经验。早期关于群体极化的大量研究表明，个体原有的风险偏好、信念、态度会在群体互动中增强（Burnstein & Vinokur，1977；

Forgas & Jones，1985）。例如，如果群体中个体的风险偏好倾向于保守，在群体讨论之后就会变得更保守；反之，如果群体中个体的风险偏好倾向于冒险，在群体讨论之后就会变得更冒险。布思比等人（Boothby et al.，2014）的一项研究表明，与他人共享感知觉体验（如巧克力是否可口）时，感知觉体验会增强。在该研究中，参与者分别在两种条件下品尝巧克力：与他人一起品尝巧克力和独自品尝巧克力（他人在场，但在做其他事情）。结果发现，与他人一起品尝巧克力时，可口的巧克力被判断为更可口，不可口的巧克力被判断为更不可口。在群体中与他人共享情绪事件是否也会增强个体的情绪体验呢？中国的思想家孟子曾道："独乐乐不如众乐乐。"与此一致，我们的直觉经验也表明，在群体中与他人共享情绪事件会增强个体的情绪体验。例如，与他人一起观看球赛似乎比独自观看球赛能体验到更强的情绪（赢球时的愉悦和兴奋、输球时的悲伤和失望），这可能是人们愿意与他人一起观看球赛的原因之一。

情绪同步效应

如何解释因共享情绪事件而产生的集体情绪呢？社会心理学家提出情绪同步效应。同步行为（如一起唱歌，一起看球赛）已经被证明可以增强作为一个群体的成员的自我分类以及与他人的联合感，为个体带来积极的影响（如亲社会行为增多）。涂尔干（Durkheim，1912）认为，这种影响是集体情绪沸腾的结果——当一群人一起经历一些激动人心的事情时，共同的情绪会放大行为同步带来的积极影响。这就是说，当集体一起表达某种情绪时，不管是悲伤还是喜悦，情绪都会被放大。在涂尔干看来，集体汇总的情感无关紧要，重要的是个体聚集在一起，有共同的感受并用共同的行为表达出来。小组成员需要在交流中增强感受，在相同的想法和行动中感受到团结。无论所涉及的感受和行为具有什么样的性质，情绪同步的基本过程总是导致上述相同的积极效果。然而，来自同步运动研究的数据表明，即使同步行为毫无意义，也会发生相同的影响（Valdesolo et al.，2010）。研究表明，没有象征性意义的同步行为（例如，美国公民唱加拿大国歌）也会导致亲社会行为和社会认同的增加（Wiltermuth & Heath，2009）。研究者从最小的同步活动或无甚影响的活动中也发现了类似的结果。因此，当士兵步调一致地前进时，这种情绪的影响与同步行动所产生的结果类似（McNeill，1995）。

为什么同步行为和情绪沸腾会对个人和社会产生类似影响？我们将集体聚会中形成的情绪沸腾视为社会同步的多方面过程。当集体经历共同的情绪事件时：参与者在特定时间和特殊地点聚集在一起；他们分享自己的担忧、意图和目标，这一切在事件发展过程中相互加强；他们对群体标志（如旗帜、徽章、领导者或图标）有共同的认知和情绪反应；他们把注意力集中在一个目标上（如讲台、舞台、祭坛、演讲者、领袖、牧师）；他们表现出协调的集体行为（如共同的姿势、共同的动作、一起行进），从而实现行为同步；他们的同步行为伴随着相应的表现（如一起唱歌、大喊大叫、喊口号、放音乐、跳舞），使每个参与者的思想、声音和身体状态都融为一体。最重要的是，所有前面六个过程都会增强参与者的情绪唤起，使他们能够体验到特定的、相同的情绪状态。由于情绪在有共同参与经历的人之间容易共享和传播（Gallese，2001；Hatfield et al.，1993；Iacoboni，

2009；Rimé，2007），情绪同步才得以发展。人们需要有这种认知——我们感觉相同，我们是一样的，我们是一个整体，从而强化群体认同（Collins，2004；Rossano，2012；von Scheve & Ismer，2013）。

群体情绪与集体情绪的相互作用

情绪在定义个体与群体之间的关系时起重要作用（Heerdink et al.，2013）。以往研究主要聚焦于个体如何影响集体行为（如意见领袖动员的作用），近期已有研究注意到，个体可能受集体行为的影响（Van Kleef et al.，2011）。同时，一个人对集体情绪的感知会影响群体情绪（Goldenberg，2014）。

通常，人们力求让自己的情绪与感知到的集体情绪（即大多数人的感受）保持一致，以保持心理平衡（Leonard et al.，2011；Moons et al.，2009）。然而，在某些情况下，群体情绪与集体情绪也会出现不一致（Griskevicius et al.，2006）。例如，面对某种社会不公，一个人认为大家应该感到愤怒，但他实际并没有感受到这种集体愤怒的存在，此时，他可能不会调整自己的情绪以与集体情绪保持一致，而是力求偏离集体情绪，这就产生了群体情绪与集体情绪的不一致。为什么会出现情绪不一致呢？已有研究提出以下两种心理机制：

其一，情绪转移（emotional transfer）。当大多数内群体成员并没有对某事件作出恰当的情绪反应时，个体会对内群体产生负面情绪，这种负面情绪可能会转为个体对事件（甚至是外群体）的负面情绪反应，该过程即情绪转移。

其二，情绪负担（emotional burden）。当个体感知到群体中大多数人没有表达出合适的情绪时，个体可能会出于"纠正"集体情绪反应的义务感产生更多的情绪，该过程即情绪负担。按照这个逻辑，相反的过程也可能发生：当个体意识到集体确实表达了适当的情绪时，个体会减轻表达真正情绪的负担，从而减少情绪的表达。例如，面对某个令民众感到内疚的事件，当集体中大部分人都感到内疚时，个体可能更少地表达内疚感。情感负担过程在涉及与道德相关的问题时会特别突出，这些问题会引发内疚和愤怒等道德情绪。

上述有关群体情绪和集体情绪不一致的心理机制得到了实证研究的支持。研究者让以色列参与者阅读一个虚构故事，故事讲了一位急需救治的阿拉伯女孩由于以色列刚出台的新移民法被驱逐出境，研究者操纵集体情绪水平，结果显示：当参与者认为以色列人应该为此事感到内疚，但实际感知到的集体内疚水平并不高时，他们会体验到更强烈的内疚情绪，使其情绪体验远离集体情绪；这种集体情绪和群体情绪的不一致性主要通过情绪转移和情绪负担实现。此时，情绪体验的强化是集体情绪感知程度较低的结果，集体情绪水平负向预测群体情绪水平，并进一步影响集体行动参与意愿。

抗议运动中的情绪变化

2018年，法国发生多轮大规模的"黄马甲"抗议运动，其导火索是政府宣布从2019年起上调燃油税。首轮抗议以示威游行为主，有超过28万人参与。然而，政府初期不理会、不调解、不回应的应对方式迅速激起民众强烈的不满和愤怒，在情绪感染的作用下，这种愤怒情绪迅速蔓延，抗议示威更是恶化为骚乱。抗议队伍中夹杂了许多只为发泄负面情绪的暴徒,导致法国有媒体将"黄马甲"运动称为"五月风暴"再现。

相比问题聚焦引发的抗议运动,情绪聚焦引发的抗议运动通常爆发速度更快,爆发性更强,破坏性更大,且抗议对象群体规模更大。根据情绪评价理论,抗议运动中的情绪路线可以分为两种:一种是基于效用的愤怒路线,导致合法的街头示威、请愿抗议等;另一种是在合法渠道关闭时的蔑视路线,这种情况多为参与者在毫无改变希望的情况下采取的策略,导致暴力抗议。研究表明,一旦弱势群体的社会地位是稳定的,且改善群体地位的合理渠道被完全封闭,弱势群体成员就会更倾向于作出具有对抗性、极端性、暴力性特征的破坏行为（Wright et al., 1990）;当弱势群体采用常规集体行动策略无法改善群体境遇时,他们会通过发动或参与违规集体行动来表达诉求,宣泄愤怒情绪。尽管可能无法获得直接利益,但违规集体行动策略更容易引起强烈的社会关注,主导公众舆论,扰乱社会秩序与社会治安,为今后的长期抗议运动奠定基础。在"黄马甲"运动爆发前期,人们在愤怒情绪驱动下进行合法的游行示威等抗议运动,后因政府的回应方式不能满足大众的需求,以及愤怒情绪在大众中迅速感染和蔓延,抗议运动发酵,走向第二条路线,产生更多破坏行为。

接下来我们将按照时间顺序讨论抗议前、抗议中和抗议后三个不同阶段人们的情绪变化。

抗议前

抗议前的情绪主要是由目标障碍引起的,对目标障碍的不同的责任评估,即人们相信事件是由环境造成的还是由外部群体或内部群体造成的，会引发不同的情绪反应和行为倾向。如果人们认为目标障碍是由环境造成的，人们会更多体验到恐惧、悲伤和挫败感；当目标障碍被归因于外部群体，愤怒或蔑视就会占上风；如果将责任归咎于内群体，就会产生后悔、内疚和羞愧等情绪。愤怒被认为是抗议情绪中的一种关键情绪（Leach et al., 2006; Van Stekelenburg & Klandermans, 2007; Van Stekelenburg & Klandermans, 2010; van Zomeren et al., 2004）。与羞耻、绝望等情绪相比，愤怒促使人们挑战权威（Taylor, 2009）；寻求正义或报复并采取行动（Smith & Lazarus, 1990）。抗议的组织者会在抗议前期尽可能唤起民众的愤怒情绪。研究发现，在荷兰的街头示威中，愤怒情绪放大人们的参与动机（Van Stekelenburg et al., 2011）；在西班牙，当调查对象被问及他们是否支持政府与恐怖组织谈判以及他们对此的感受时，愤怒者更倾向于通过参加抗议来反对这一决定，担忧的人则更多选择不参与抗议（Sabucedo et al., 2011）。

在抗议之前，对掌控能力的评估也会影响人们的情绪反应——那些感知到内群体的强大的人更容易愤怒和采取行动，而将内群体视为弱者的人更可能感到恐惧并远离外群体（Klandermans, 2008）。在某些情况下，将人们的恐惧转化为愤怒，能提高人们参与抗议的可能性（Turner, 2007; Leach et al., 2006）。例如，自然灾害（如海啸）会引发恐惧，但抗议组织者通过指责政府忽视了灾害预测而将责任归因于外群体，就将民众的恐惧转化为愤怒，提高了民众参与反对政府的集体行动的可能性（Witte & Allen, 2000）。

内疚、羞耻和后悔是社会情感，与我们对其他内群体成员的依恋交织在一起。内疚、后悔等情绪的行为倾向是补偿,这些情绪不太可能导致抗议,但更有可能警告个人不得违反社会规范和价值观。内疚的人有动力去纠正自己的错误行为,间接地减少自己未来违规的可能性,从而改善社会状况。例如,研究发现,虽然澳大利亚的一部分人对政府镇压土著人感到内疚和羞耻,但他们没有强烈的意愿代表土著居民采取行动(Leach, Iyer, & Pedersen, 2006)。因此,内疚和羞耻被认为是相对较弱的行动意愿预测因子。

抗议中

到目前为止,我们已经讨论了因目标阻碍而产生的情绪,这些情绪与冲突事件及外群体有关。当涉及实际参与抗议时,个体关注的焦点就成为参与者共同关注的焦点(Collins, 2001)。通过与其他参与者的实际接触,抗议者意识到自己是抗议群体的一部分,这是涂尔干所谓的"集体意识"形成的关键过程。柯林斯(Collins, 2001)认为,集体行动中有两种情绪转变:一种是驱动集体行动的原始情绪的放大;另一种是原始情绪的转化,即从集体关注焦点中产生新的情绪,一个成功的集体行动是将愤怒情绪转化为希望、热情和团结的过程。

抗议活动为建立或加强参与者之间的情感联系以及形成和强化集体身份提供了机会(Eyerman, 2005)。在抗议过程中,参与者意识到,大家团结起来的力量比各部分力量的总和更强大。那些认同他人的参与者分享着"我们""你的问题就是我的问题,就是我们的问题"的感觉,增强了群体团结,共同的参与经验也增强了参与者之间的联系。

抗议后

已有的关于抗议中情绪的研究主要关注情绪在抗议动员和抗议参与过程中的作用，换句话说，将情绪作为抗议的前因变量或抗议的副产品，情绪作为抗议的后果却是一个未被触及的空白领域。对20世纪60年代新左派激进分子的后续研究表明，社会运动参与对激进分子后来的生活产生了重要的影响（McAdam，1988；Corrigall-Brown，2012）——他们倾向于继续支持左派，继续将自己定位为自由主义者或激进分子，并在当代运动和其他形式的政治活动中保持活跃。事实上，尽管人们对行动表面上的目标感到悲观和沮丧，但激进主义往往仍然存在（Louis，2009），这就产生了持续参与的悖论（Louis，2009）：既然抗议不能满足人们的要求，为什么人们还要继续参加抗议？在这种情况下，情绪扮演了什么角色？

当激动情绪平息下来后，抗议者将有一些时间反思他们为实现变革作出的努力。没有实现集体目标或对不切实际的目标感到失望和沮丧，是激进分子对抗议活动感到倦怠的一个重要原因（Goodwin & Jasper，2006）。例如，在艾滋病运动的低落时期，人们对艾滋病激进主义感到绝望，有意识地离开该运动（Gould，2009）。有时，人们也会转向其他更容易实现的目标，以避免因放弃抗议而感到内疚。面对令人失望的结果以及没有精力继续参与时，一些参与者甚至产生痛苦的感觉。古尔德（Gould，2009）指出，一旦一些成员陷入绝望和痛苦中，这种情绪就会传递到整个组织，产生集体倦怠和耗竭。

抗议未能达成集体目标并不意味着该运动将永远消亡。当个体对所属群体的失败感到愤怒时，这种愤怒仍然可以促使他未来继续参与集体行动（Becker et al., 2011）。另外，有研究表明：抗议运动中取得的进步会给参与者带来自豪感，而自豪感会通过影响对社会运动的有效性评价进而间接影响继续参与抗议运动的意愿。事实上，抗议活动的组织者总是试图宣称自己取得了成功，毕竟，这为参与者提供了一个强有力的、积极的群体认同。对社会运动来说，成功才能孕育成功。

工具理性与集体行动

资源动员理论

谈工具理性取向之前，必须先提及资源动员理论（resource mobilization theory）。整个集体行动研究领域早期比较重视客观地位变量的作用（Blumer，1951；Olson，1965），资源动员理论就是其代表之一（McCarthy & Zald，1977）。资源动员理论之前的集体行动研究强调参与者的人格、个体被边缘化（marginality）或被疏远（alienation）、不满（grievances）等因素对人们参加集体行动的驱动作用，认为集体行动是一种非常规、非理性的行为。资源动员理论强调宏观、中观的社会结构性因素，如集体资源的可利用性、潜在参与人群在社会网络中的位置，强调集体行动参与的理性因素。在资源动员理论者眼中，参与集体行动不是某种心理特质或心理状态的结果，而是人们权衡参与集体行动的成本和收益，作出理性抉择的结果。

20世纪七八十年代，资源动员理论成为集体行动（社会运动）研究的主导取向。但随着集体行动研究的继续深入，研究者意识到，资源动员理论在理性道路上走得太远，过于结构化。首先，资源动员理论低估了不满和思想、信念在社会运动参与决定因素中的重要性，混淆了个体和社会层面的分析，不满和思想、信念虽然不能解释集体行动的兴起，但这并不意味着它们在个体的集体行动参与决定中不扮演任何角色。其次，资源动员理论也忽视了个体之间的互动而产生的集体行动动员。其实，人们在决定参与集体行动之前，会将其他人的反应纳入考虑之中，毕竟，他们不是在社会真空中衡量参与成本和收益。集体行动的动机理论在一定程度上完善了资源动员理论。

集体行动的动机理论

克兰德曼斯（Klandermans，1984）将早期的集体行动理论和心理学的期望价值理论（expectancy value theory）融入资源动员理论中，提出集体行动的动机理论。该理论采用期望价值理论的"行动成功期望 × 行动价值 = 行动动机"的公式，量化解释集体行动特定动机的强度，即某一类动机通过个体对特定结果的期望乘以特定结果对个体的价值而具象化。依据集体行动理论，可对伴随集体行动存在的工具理性动机进行分类：公共产品的集体收益与社会性和非社会性的选择性激励（selective incentives）。

集体收益和选择性激励可对应以下三种集体行动参与动机：第一种动机是集体性动机（collective motive），它从行动的集体目标中提取而来。这种动机遵循期望价值理论（Feather & Newton，1982），以运动集体目标实现的主观期望和主观价值的相乘公式作为操作化表达。集体性动机的主观期望成分又由三个彼此关联的具体测量题目构成:"如果自身参与该行动,估计在多大程度上有助于该运动的成功?""如果很多人参与,预期该行动成功的可能性有多大?""预期有多少人会参与该行动?"分别回答:关于他人行动的期望;如果有很多人参与,集体目标将会达成的期望;自己参与能否提高行动成功可能性的期望。集体性动机的期望成分,尤其是后两项,被认为是关于所属群体能通过一致努力解决所面临问题的共同信念(Mummendey et al.,1999),或是一种能改变群体相关问题的控制、影响、力量、效力的感觉(Van Zomeren et al.,2008),被称为"群体效能(感)"(group efficacy)。

第二种动机是社会性动机(social motive),来源于参与者对重要他人的期望反应。它以他人期望反应的性质(正向或者负向)和这些个体重要性的乘积作为操作化表达。

第三种动机是回报动机(reward motive)。它和社会性动机同属选择性激励(包括成本、收益),但奖赏动机是更个人化的考虑成本和收益的选择性激励,比如参与集体行动需要自己付差旅费,或者能与同伴共度美好时光,等等。这一动机也以价值和期望成分的乘积形式来操作化表达。

三种动机间的关系及其对集体行动的预测作用在不同的研究中得到验证(Klandermans,1997;Simon et al.,1998;Stürmer et al.,2003)。最初对工人运动的研究发现,三种动机对不同程度的集体行动都有显著的预测作用,集体动机的解释率都最高,社会动机对不同行动的作用差异显著,回报动机的作用最小。这暗示了不同的事件类型和行为情境可能会影响不同动机的作用程度(Melucci,1996;Taylor & Whittier,1992,1995)。

需要注意的是，集体行动的动机理论与其他强调工具理性的集体行动理论的不同。集体行动的动机理论强调的是人们在不知道别人是否参与时，其主观期望对行为意愿的影响，并不排除感觉、情感因素对参与行动的作用，也不意味着个体对参与结果的计算都是有意识的（Klandermans，1984）。其他领域的研究者也指出，个体参与集体行动的动机并不是发生在社会真空中，而是与人们的社会认同和社会背景有关。当综合考虑认同、情绪和效能感时，就可能出现不一致的结果。凯利（Kelly，1993）的研究发现，群体认同对参与工会活动有显著影响，而三种动机的作用都不显著。而范索梅伦等人（Van Zomeren et al.，2004，2008）的研究发现，对群体其他成员意见支持的主观评价与个体的情绪体验和行为意向有关，对其他人的行动支持的感知还会提高低认同者的参与动机和意向。

可见，克兰德曼斯等人将心理学的新视角引入资源动员理论中，不但克服了早期社会心理取向的缺陷，并且扩展了资源动员理论的生命力，揭示了个体层面上集体行动参与的社会心理过程。克兰德曼斯等人确认个体间互动作为恰当的分析水平具有重要理论意义。它关注到不言自明的心理学事实：人们在其感知到的现实（perceived reality）中行动，个体参与集体行动的决策都是基于感知到的参与成本和收益作出的。

集体行动的效能路径

在集体行动的社会心理学研究领域，研究者十分重视集体行动的心理动员机制，即哪些因素会促使人们投身集体行动。其中，群体效能作为一种工具理性因素，是影响集体行动的核心变量之一。

集体行动通常被视为发生社会改变的前提（Abrams & Hogg, 1988; Tajfel & Turner, 1979）。尽管人们面临核战争、疾病、歧视等威胁，但人们感知到的威胁和集体行动之间仍然有明显的距离。以往研究表明，参与集体行动是由于人们相信集体行动可以有效纠正他们所认为的不公正现象（Gamson, 1992; Klandermans, 1997）。与之对应，大量研究发现，相对于个体行动甚至接受现状而言，集体行动往往被视为一种不具吸引力的策略。究其原因，其中一种解释是：人们认为集体行动没用。换句话说，当人们认为集体行动能够解决当前面临的问题（群体效能感高）时，就会选择参与集体行动；反之，当集体行动被认为无法解决当前问题（群体效能感低）时，人们就不会参与集体行动。

效能的分类

单一维度的群体效能概念难以解决与集体行动工具性动机相关的问题或现象。近年来，研究者在这一背景下对群体效能进行了更具体的划分，赋予"效能"更丰富的意义。

基于集体行动的双路径模型（dual pathway model），萨阿卜等人（Saab et al., 2015）将维护内群体集体行动的效能分为政治效能和认同强化效能。其中，政治效能自20世纪50年代兴起后受到研究者的广泛关注。政治效能（political efficacy）被定义为一种认为政治和社会变迁是可能的，且集体行动能够在可能的社会政治变革中发挥一定影响力的信念（Campbell et al., 1954）。这一概念又包含内部政治效能和外部政治效能两个维度。内部政治效能可被定义为个体对自己或群体的政治行为影响力的信心，可分为个人政治效能（Caprara，2009）和集体政治效能（Klandermans，1984）。前者是个体对自己影响政治进程的能力的评价；后者是个体对所属群体的影响力的评价。与之类似，外部政治效能指向个人对政治体系反应能力的信念（Craig et al.，1990）。一般来说，具有较高外部政治效能的人倾向于认为国家的当权者对提供有透明度、平等的政治权利、言论自由感兴趣，并且会响应公民的要求。

值得一提的是，公正世界信念是影响政治效能的重要变量之一。公正世界信念（belief in a just world，BJW）意味着对个体自身能力的信心，能够提高个人内在的效能；同时，它也增加了个体对他人的信任，因此能够提高集体内部效能感。此外，如果人们相信世界是公正的，他们很可能也会认为政府是公正的，会积极响应公民的要求，也就是说，公正世界信念还能提高个体的外部政治效能。可见，公正世界信念对政治效能的内部和外部维度均有正向的促进作用。反过来也是如此，危险世界信念（belief in a dangerous world，DWB）让人感到无能为力，会降低个人内在的效能；同时，由于危险世界信念也意味着个体难以信任他人，因而会降低集体效能。最后，一个相信世界是危险的人很可能会认为政府是受限制的，不会作出反应的，即危险世界信念将导致较低的外部效能感。

认同强化效能的提出源于霍恩赛等人（Hornsey et al.，2006）对以往集体行动研究仅仅关注政治效能，忽视影响多个目标受众的效能的批评。认同强化效能（identity consolidation efficacy）被定义为一种认为集体行动能证明、确定和加强抗议群体身份的效能，即争取更多人以及舆论支持的效能（Saab et al.，2015）。霍恩赛等人认为，

第二章 集体行动的参与动机：理性与非理性之争

认同强化需要表达集体行动的立场（如反对优势群体的政策）、支持弱势群体、开展大规模的团结运动以及提高公众支持这四大要素。

在考察维护内群体的集体行动时，不难注意到，在真实斗争运动中存在一些群体或个人选择支持与自身利益无关的弱势群体，即使这一集体行动将危害其所属群体的利益（如白人支持黑人平权，富人主动提出多缴税）。这类利他性集体行动背后的动因往往是共同的价值信念（Wiley et al., 2013）或对外群体的同情（Becker & Swim, 2011; Shepherd et al., 2013），而效能在这类现象中有重要的催化作用。

研究者针对这一现象提出旁观者效能（bystander efficacy）的概念，以此表示外群体成员对自身的利他行为有效性的预期（Glasford & Pratto, 2014），这一概念得到了大量实证研究的支持。斯图尔特等人（Stewart et al., 2012）让美国白人阅读有关非裔美国教职员工所占比例偏低的文章，随后让他们写信支持雇用更多的非裔美国教职员工，并操纵了行动的有效性（效能）的高低，结果发现：更高的效能会改善美国白人对非裔美国人的态度，且不影响他们对自身的态度。此外，其他利他性集体行动的研究，包括有关美国白人为美洲原住民争取利益（Greenaway et al., 2016）、荷兰人反对歧视穆斯林（Van Zomeren et al., 2011）、英国人反对以色列出兵巴勒斯坦（Saab et al., 2015）、印度人为美国贫困人口发声（Saeri, 2015）的一系列研究都一致表明，人们对支持弱势群体的集体行动的效能评估（即旁观者效能），能强有力地预测他们参与维护弱势群体的集体行动的意愿。

不仅如此，愧疚等情绪还能够在上述效应之间发挥中介作用

（Stewart et al., 2010）。换句话说，当人们认为自身所属的群体帮助弱势群体改变现状的可能性越大，他们的愧疚情绪就越强烈，参与集体行动的意愿也会更强。

暴力集体行动效能与非暴力集体行动效能

除了依据得利方对集体行动进行分类外，集体行动还可根据其性质分为暴力与非暴力的集体行动。研究表明，群体效能与非暴力集体行动策略存在负相关关系，与暴力集体行动策略存在正相关关系（Tausch et al., 2011）。然而，在不少真实抗争运动中，参与者往往同时使用暴力与非暴力的斗争手段。

针对上述矛盾，萨阿卜（Saab, 2011）认为，在评估效能时，应注意区分不同形式的集体行动，如果暴力集体行动同样是理性的行动策略，群体成员对暴力行动的效能理应显著预测他们参与这类集体行动的意愿，并在此基础上提出暴力集体行动效能（efficacy of violent collective action）与非暴力集体行动效能（efficacy of nonviolent collective action）。研究发现，暴力集体行动与暴力集体行动效能存在正相关，而与非暴力集体行动效能的相关不显著；但当群体成员的暴力集体行动效能较低，非暴力集体行动效能较高时，他们会更倾向于参与非暴力集体行动（Saab, 2011）。

集体行动的成果具有公共性，无论成员参与集体行动与否，往往都能从中受益（Olson, 1965）。这容易催生"社会惰化"或"搭便车"（free rider）现象，即当群体共同完成一件事情时，由于个人成就没有被单独予以评价而被汇入总体成就中时所引发的个人努力水平下降的现象。将其置于集体行动情境中，即群体成员可能会为了避免风险或责任而选择不参与集体行动。更进一步说，群体成员越相信集体行动能够取得成功，就越容易选择"搭便车"而不付出实际努力。然而，这与许多真实的集体行动和实证研究的结果均有矛盾之处。

参与效能的提出有助于解释上述矛盾。参与效能（participative efficacy）是指个体对自己在集体行动中的价值与贡献的主观感知（Van Zomeren et al., 2013）。范索美伦等人（Van Zomeren et al., 2013）认为，当人们的参与效能较高，他们会倾向于认为自身努力在集体行动中将产生重要的价值，并抑制"搭便车"的心理，从而积极参与集体行动；反之，当人们的参与效能较低，就会认为自己的努力对集体行动没有多大贡献，更可能选择"搭便车"。参与效能将效能与动机有机结合起来，强调个体的主观价值感在参与集体行动意愿中的作用，弥补了效能或社会惰化在解释参与集体行动意愿时的片面性。

效能对集体行动影响的作用机制

效能、情绪以及认同是影响集体行动的三个重要的前因变量。群体效能不仅直接影响人们参与集体行动的意愿和实际行为，还能够通过情绪、认同等心理变量对集体行动产生影响。

首先，群体效能能够独立地预测集体行动。范索美伦等人（Van Zomeren et al., 2008）通过元分析将效能操作化为群体效能或集体行动效能，然而，正如开篇时提到的，认同与情绪、效能同为影响集体行动的前因变量，三者之间存在复杂的交互作用，在考察效能对集体行动的影响时，将不可避免地涉及情绪与认同。

根据集体行动的双路径模型，人们参与集体行动的意愿可通过两条独立的心理路径表达出来，即情绪聚焦路径和问题聚焦路径。其中，问题聚焦（problem-focused）路径与效能的关系更为密切。研究发现，人们参与集体行动的意愿受效能评估的影响——当人们认为集体行动能够有效地解决当前面临的问题时，就会选择参与集体行动（Kelly & Kelly，1994），并且效能的预测效力在个体对内群体的认同感较弱时尤为明显。

与之相对，情绪聚焦（emotion-focused）路径的预测效力在个体对内群体的认同感较强时凸显出来。此时，群体与个人利益更相关，群体遭受的不公往往能够引发个体强烈的愤怒情绪，个体更易受情绪影响而参与集体行动。值得一提的是，很多关于集体行动的社会心理学理论（如社会认同理论、相对剥夺理论）都将感知到的不公与社会秩序的不合法性作为集体行动的重要前因变量。研究发现，对感知到的不公平的情绪反应，特别是愤怒，是集体行动更直接的前因变量（Van Zomeren et al.，2008；Walker & Smith，2002）。情绪除了与效能独立地通过两条路径分别影响集体行动，还能够作为群体效能的中介变量预测人们参与集体行动的意愿和实际行为。研究表明，当人们认为自身所属群体有能力对抗外群体时，他们更易因群际矛盾体验到愤怒情绪，而较高水平的效能是引发这一愤怒情绪的关键前因（Halperin & Pliskin，2015；Halperin et al.，2011）。群体成员的效能感高，他们就会对内群体的能力有更强的信念，而这恰恰与内群体的弱势地位有出入，使得不公的体验更明显，从而产生更强烈的愤怒情绪，并因此选择参与集体行动。关于欧美穆斯林移民（Klandermans et al.，2008）、阿姆斯特丹反对新退休政策（Van Stekelenburg et al.，2011）、德国大学生抗议收取学费（Tausch & Becker，2013）

等事件的研究结果均表明，群体效能通过强化人们基于群体的愤怒情绪，对参与集体行动的意愿和实际行为产生正向预测作用。

其次，研究表明，将参与集体行动成员的身份纳入考虑范围之内时，效能的预测力就会减弱甚至消失（Hornsey et al., 2006）。这一事实表明，个体感知到的有效性和集体行动之间的关系是效能与认同高度关联的产物，而认同具有真正的解释力。这意味着，当没有将群体认同作为预测指标时，需要谨慎看待效能和参与集体行动意愿之间的关系（Flood, 1993; Tyler & McGraw, 1983; Wolf et al., 1986）。在任何情况下，认同都是集体行动的重要预测指标，这暗示了集体行动或许可以是一种身份的直接表达，而非仅仅是成本—收益分析或效能评估的结果。值得注意的是，在考察效能与认同的交互作用时，有研究指出，群体效能可能仅仅在评估认同水平时发挥作用（Kelly & Breinlinger, 1995; Stürmer et al., 2003; Stürmer & Simon, 2004）。

社会认同与集体行动

为了更好地理解集体行动，自20世纪70年代末至80年代初开始，社会心理学家逐渐关注社会认同（social identity）对集体行动参与动机的重要影响，并针对工人、妇女、老年人、同性恋、肥胖者等群体开展了一系列研究，从中我们可以得出一致性结论：个体对某一社会群体的认同越强，就越有可能代表此群体参与集体行动；认同所属群体是个体代表群体参与抗议等集体行动的强有力的理由和驱动力。那么，什么是社会认同？它与个体参与集体行动有何关联？这种关联背后的机制和过程是什么？

社会认同：从"我"到"我们"

在生活中，我们对"身份"这一概念并不陌生，却很难给它下一个确切的定义。"身份"译自英文 identity，其动词为 identify。identify 有两重意义（赵志裕，温静，谭俭邦，2005）：一是鉴别、辨认，强调某人或某物与他人或他物的不同，在这个层面，它指那些可以将个人和他人区分开的个人特征和社会特征；二是等同，即当人们具备了某群体成员资格后，自己的属性与该群体中其他成员的属性相同。与此同时，每个人的身份也包含两部分——个人身份和社会身份，前者是个人属性的自我定义，强调个人的独特性；后者是社会类别、群体成员资格层面的自我定义，强调个体与所属群体成员的相似性以及与非所属群体成员的不同。在此基础上，泰弗尔（Tajfel，1978）将社会认同定义为个体认识到自己属于特定的社会群体，同时也认识到群体成员身份带来的情感和价值。由此可见，社会认同不但强调个体对自身社会属性（所属群体）的认识，还强调由此带来的情绪体验（如自豪）和价值（如对该身份的重要性的评价）。

每个人都同时拥有多个群体成员身份，人们何以选择某些群体成员资格建立社会身份，进而产生社会认同？比如小张是一位就职于一家普通企业的北京大学毕业生，虽然有"企业员工"以及"北京大学毕业生"这两种群体成员的资格，他却不甚认同自己所属的企业，而更倾向于选择"北京大学毕业生"这一群体成员资格建立社会身份，产生社会认同。这就必须提到社会认同理论（social identiy theory），该理论的核心假设是：人们建立社会身份是为了通过所认同的群体提高自尊（Tajfel，1982；Tajfel & Turner，1986）。社会认同由三个基本历程组成：类化（categorization）、认同（identification）和比较（comparison）。人们将自己归入某一群体（类化），认为自己拥有该群体成员的普遍特征（认同），在此基础上评价自己认同的群体相较其他群体的优劣（比较），实现对自己的身价和自尊的提升。简单来说，小张更倾向于对自己是"北京大学毕业生"这一群体成员资格产生认同，因为他认为这一群体相较普通企业员工群体更有优越感，社会声望更高，这会让他感到自己出类拔萃，实现身价和自尊的提升。

社会认同驱动的集体行动

因为人们会努力获得正向的自我评价，所以当他们背负弱势群体成员身份时，将采取行动去获取优势群体成员的身份，而集体行动会要求个体感知到其对所属弱势群体身份的高认同感（比如对群体作出承诺）。换言之，对所属弱势群体高度认同的个体更倾向于对群体作出承诺，对弱势群体作出承诺通常是高认同者的外在表现，但通常而言，人们不会对所属弱势位群体作出承诺。那么，在什么情况下，个体才会对所属弱势群体作出承诺呢？已有研究指出，当如下三种社会结构性条件成立时，个体不但会向所属弱势地位群体作出承诺，而且可能促使个体代表所属弱势群体参与集体行动（Stürmer, Simon, Loewy, & Jorger, 2003）：其一，群体边界的可渗透性（permeability），即个体感知到的获得更高地位群体身份的可能性。当个体认为有可能获得更高地位群体的身份时，他们就不会对所属弱势群体作出承诺；反之，则会对所属弱势群体作出承诺。其二，稳定性（stability），即群体间相对社会地位、位置稳定或可变的程度。那些认为自己所属群体的位置是可变的人，会视集体行动为实现其成为更高地位群体成员的可能策略，这种知觉促使人们倾向于作为群体代表参与集体行动。其三，合法性（legitimacy），当个体认为其所属弱势群体的处境是不合理或不公正的，其集体行动的参与意向就会被强化。例如，在同性恋游行这一集体行动中，性少数群体边界的可渗透性较低，他们认为自己目前无法获得更高地位群体的身份，同时认为这样的状况不合理，为了改变目前所属群体的劣势地位，他们更可能参与相应的游行活动。

政治化社会认同

随着社会认同和集体行动相关研究的深入，研究者关注到社会认同的情境性、等级性等特征，也就是说，个体对内群体的社会认同并不是一成不变的。首先，社会认同具有情境性。比如，与讨论一项国外新出的政策相比，当同性恋个体与他人讨论同性恋相关话题时，他对自己所属群体的社会认同会更高。其次，社会认同具有等级性，在一定条件下会由低级形式向高级形式发展。比如，当高认同成员间的共同愤怒水平进一步提高时，他们更明确要抗议的对象（即为所属群体的弱势处境负主要责任的外群体），并开始有意识地寻求赢得政府等权威机构或大众等第三方的关注和支持，此时社会认同发展出它的高级形式——政治化社会认同（politicized collective identity）。简单来说，政治化社会认同包含两个方面：一个是为内群体赢得权力（struggle for power）的外显动机；另一个涉及社会大背景，此时弱势群体并不仅仅针对要抗争的优势群体，他们还积极寻求第三方的支持，以引发有效的社会变革。所以，如果一个弱势宗教团体的一员参与集体行动仅仅是为了能让自己的孩子正常上学，而不是为了使整个内群体获得权力，同时也没有以获得旁观者的支持为目的，那么即便后续这个群体挑战了当前的教育体系并获得大众的支持，也并不意味着他们发展出政治化社会认同（Simon & Klandermans, 2001）。

基于此，研究者以多元化的视角看待社会认同，发现同一集体行动背景下不同层次的社会认同，对人们的参与行为或意愿的影响是不同的。在这个过程中，政治化社会认同得到越来越多的关注。两项横向研究分别以接纳肥胖运动（Stürmer et al., 2003）和同性恋运动（Stürmer, 2000）为背景，考察政治化社会认同和一般社会认同对集体行动参与意愿的预测作用。结果发现，相比与事件相关的更大范畴的社会认同，对行动组织或相关政治身份的认同对个体的集体行动参与意愿的预测作用更强。施蒂默尔和西蒙（Stürmer & Simon, 2004b）在前人研究的基础上，以德国同性恋运动为背景进行了一项纵向研究，进一步探讨了不同层级的认同和行为之间的因果关系，结果发现：对社会组织的认同（政治化社会认同）对人们参与集体行动的意愿和实际行为都有显著的预测作用，而对更广泛的弱势群体的认同对集体行动参与意愿的预测作用是有条件的，即只有在群际冲突激化时才有显著的预测作用。也就是说，政治化社会认同这种更高级的认同形式更能助推弱势群体成员参与集体行动，这种助推作用还能持续较长时间。

在探讨弱势群体参与集体行动的问题时，也不得不考虑刻板印象在其中的作用。例如，非裔美国人和同性恋者为了打破优势群体对他们的刻板印象而组织、参与了大量的集体行动。大量研究已经证实，意识层面以上的刻板印象会诱发弱势群体的抵抗行为。但有研究发现，与暴露在十分明显的刻板印象中相比，当个体暴露在意识层面之外的刻板印象中时，他们反而更容易同化刻板印象。例如，在反复给女性参与者呈现"女性"和"做饭""打扫卫生"的联结后，她们会表现出更顺从的身体姿势并更多地依赖帮助，这一研究结果引发一系列相关问题，例如，是不是所有的弱势群体都会受内隐刻板印象的影响，从而接受自己的困境？政治化社会认同会在其中起较积极的作用吗？范布伦等人（van Breen et al., 2018）认为，不同层次的社会认同调节个体面对内隐刻板印象威胁时的反应——与更倾向于认同"女性"这一社会身份的个体相比，更倾向于认同自己是"女权主义者"的个体，在面对内隐的女性刻板印象时更多地作出抵抗行为，包括表达愤怒、参与集体行动以及作出反刻板印象的行为等。这些认同"女权主义者"社会身份的个体，不但拥有为女性争取权力的明确目标，而且有意识地寻求社会其他群体的支持。也就是说，她们产生了更高级的社会认同形式——政治化社会认同。

我们不难发现，政治化社会认同能够帮助弱势群体抵抗暴露在内隐刻板印象中引起的社会身份威胁：一方面促进弱势群体成员参与集体行动来抵抗刻板印象；另一方面也会促使他们挑战自我，在不被外群体看好的任务上表现得更好。

集体行动中的社会认同

虽然研究者关注到多元的社会认同,认识到社会认同会随情境变化,但相应研究仍然从静态视角将社会认同看成一系列属性或特征的集合,没有从动态的角度将社会认同与集体行动联系起来,从而探讨社会认同、情境和个体行为之间的相互作用。

随着时间的推移,集体行动的形式或多或少会发生变化,可能从一开始简单的聚会、游行抗议逐渐演变为激烈的冲突。社会认同在其中起什么样的作用呢?精细化的社会认同模型(elaborated social identity)尝试解释这种集体行动形式的演变过程。该模型认为,在激烈冲突形成的过程中,随着群体边界被重新划定以及参与者期望获得更多的支持,参与者群体发生社会重新定位(social repositioning)及群体赋权(empowerment)。具体而言,一开始因某个具体的原因聚集在一起的群众可能具有不同的社会身份,但是敌对群体没有区别对待这个群体内的成员,而是将所有成员看作一个具有潜在威胁的整体,采取一样的限制或控制措施,这种粗暴的介入会导致群体成员的自我分类发生不同程度的转变。一些早期持中立态度的个体开始重新理解自己所处的社会关系以及社会地位,重新定义自己的社会类别,这使最初的异质性群体演变为一个具有共同社会身份的群体。而群体规模的扩大很有可能会导致自我"赋权"的现象,群体中的个体强烈地感觉到自己有能力和权力去抵制、对抗外群体。换言之,在群体成员明晰自己的社会身份的过程中,群体规模的扩大以及感受到的群体内成员的相互支持,使群体成员意识到对手的易驾驭性以及自己所属群体抗争的能力，进而促使集体行动从一开始的和平抗议演变成"暴乱"行为。这种一致的控制措施也会让群体认为激烈对抗优势群体是合理且必要的，无形中提高了群体中主张暴力的"煽动"分子的影响力，赋予他们权力并使其成为新群体的"原型"，使得集体行动朝着骚乱的方向演变。德鲁里和赖歇（Drury & Reicher，2000）对一次环保抗议活动展开研究，发现当警方对示威者的看法与示威者自己的看法不一致，且警方倾向于按照自己的看法粗暴地对待示威者时，警方与抗议者之间的互动会导致抗议者的社会认同发生变化，从而影响抗议者后续的行为以及对警方、社会的信念。

随着集体行动的开展，集体行动针对的对象和目标也发生变化。比如英国2011年发生的几起骚乱都由一开始目标明确的"反抗警察"行动逐渐演变成抢劫、袭击沿街商铺。为什么会发生这样的演变呢？斯托特等人（Stott et al.，2018）以发生在英国伦敦哈林杰区的暴乱为背景，阐释了发生抢劫行为的原因。研究者认为，在集体行动早期（即和平抗议和激烈冲突阶段），群体具有强烈的"对抗警察"的共同社会身份，这一社会身份让群体内部矛盾被暂时搁置，并赋予这项行动一定的意义，使得集体行动得以产生。但是随着集体行动的开展，由于警方的介入，集体能动性（collective agency）在警方和集体行动参与者的互动过程中产生，此时长期积压的不满（如对财富不平等的不满）诱发了骚乱（proactive rioting），会开始出现打砸行为。

集体行动对社会认同的反作用

集体行动是否会反过来对社会认同产生一定的影响呢？卡瓦纳等人（Kavanagh et al., 2019）以巴西柔术的推广仪式为背景展开研究，结果发现，这种以皮带鞭打为特色的仪式活动，实际上是通过让个体在仪式过程中体验到积极情绪，进而促使其产生认同融合以及亲群体行为。其中，认同融合是一种社会纽带，其特征是同时激活个人和社会的身份以及个人和群体融为一体的感觉。在集体行动中，我们会有极其强烈的情绪体验，因此，当个体在集体行动中体验到强烈的积极情绪时，其认同融合很有可能会得到提升，进一步增强对所属弱势群体的社会认同。

此外，集体行动并不仅仅是弱势地位群体的"狂欢"，它实际上还指向整个社会，绝大多数集体行动参与者都希望通过抗议等活动提高公众的支持，从而促进社会变革。政治学、社会学的相关研究也支持了集体行动会影响公众对其的认同，进而会对后续的社会变革产生深远的影响的结论。赛瓦纳丹和利克尔（Selvanathan & Lickel, 2019）在马来西亚大规模街头抗议发生前后对马来西亚公众进行了抽样调查，结果发现：如果公众在集体行动中感受到被赋权，他们就会增加对集体行动的认同，进而更支持社会变革；如果公众在集体行动中感受到了威胁（threat），他们的认同会下降，从而减少对社会变革的支持。比如，民众如果认为同性恋大游行会威胁他们现有的权利，就更可能降低对这一集体行动的认同，从而减少对后续社会变革的支持；而如果民众在同性恋大游行中感受到他们被赋予一定的权利，他们就更可能支持相应变革。同时，公众对不同的集体行动也采取不同的回应，托马斯和路易斯（Thomas & Louis，2014）通过让个体评估抗议场景的方式发现集体行动的特征会影响公众对它的支持。具体来说，相较暴力抗议，公众对非暴力抗议的支持更多。在此基础上，范伯格等人（Feinberg，Willer，& Kovacheff，2017）的研究表明，媒体对极端抗议的描述降低了公众对抗议的支持。这就是说，相对于涉及暴力的集体行动，公众更倾向于支持、认同非暴力的集体行动，并且在认同的基础上更有可能参与该类集体行动。

社会认同的影响机制

目前有关社会认同的研究常常试图将其视为个人水平与中观或宏观水平之间的连接机制，并普遍发现个体对群体的认同感越强，群体利益越易被内化为自我利益，个体的感受、态度、价值观和合作行为也会受到影响，进而就越可能参与改善该群体处境的集体行动。但对于社会认同的具体影响机制，目前仍存在争论：一些社会心理学家指出，社会认同对行为的影响体现在群体成员的关系上，情感是其主要的影响机制；另一些则认为，认同是通过对收益—损失的分析对行为产生作用，认同动机调节着工具性动机和意识形态动机之间的关系。在此基础上，范索梅伦等人（van Zomeren, Spears, & Leach, 2008）提出，这两种解释并不是完全对立的，群体认同相关性在其中起重要作用——当个体认为自己与所属弱势群体成员关系密切时，即群体认同相关性高时，就会对目前该群体的困境产生愤怒情绪，提高参与集体行动的意愿；而当群体认同相关性比较低时，以情感为中心的应对方式就不太可能发生，此时就会更注重集体行动是否有效，能否使自己受益。也就是说，此时个体是通过收益—损失分析来决定自己是否参加集体行动的。

这就意味着，不同的社会认同水平很可能通过不同的路径对集体行动的参与产生影响。为了更深入了解社会认同影响集体行动的不同路径，下面将分为高社会认同和低社会认同这两种情况，分别介绍"阴谋论信念"这一非理性因素以及"自我扩展动机"这一基于计算的变量在社会认同影响集体行动的路径中所起的作用。

阴谋论信念常滋生于重大社会或政治事件发生的情境，是一种将重大的社会或政治事件归因为由强大且恶意的群体或组织密谋实施的信念（Swami, Voracek, Stieger, Tran, & Furnham, 2014; Dentith & Orr, 2017）。互联网和通信技术的发展大大加速了阴谋论信念的产生和传播速度。研究发现，阴谋论信念具有功能性，能补偿个体的控制感威胁和自尊威胁（van Prooijen & Douglas, 2018），增加对外群体的偏见和敌意（Kofta, Soral, & Bilewicz, 2020）。当社会认同较高时，个体持有的这种非理性计算的阴谋论信念能否进一步增强其参与集体行动以及为集体行动辩护的意愿呢？

克里斯塔基斯（Christakis, 2015）以乌克兰公民发起的"欧洲广场"运动为研究背景，发现该运动的参与者认为克里米亚从乌克兰独立出来存在阴谋——是乌克兰政府受贿导致的。时隔4年，研究者再次在乌克兰展开民意调查，以"克里米亚事件"及后续引发的"欧洲广场"集体行动为样本考察乌克兰民众的态度，结果发现：对"欧洲广场"运动的社会认同强化了人们持有的与吞并相关的阴谋论信念，这种信念进一步增强了抗议者感知到的采取集体行动的正当性，使他们更认同这一集体行动。换句话说，阴谋论信念在社会认同对集体行动的影响中起非常重要的作用，社会认同通过增强个体的阴谋论信念实现其对集体行动的合理化，进而提供参与集体行动的理由（Chayinska & Minescu，2018）。

阴谋论信念是不是在所有情况下都能起到相应的作用呢？沙因斯卡斯和米内斯库（Chayinska & Minescu，2018）认为，个体感知到的政治腐败程度很可能在其中起调节作用——由于阴谋论信念是围绕对当局的不信任而产生的与个人特质相关的副产品，对当局腐败行为的怀疑程度就影响了集体行动支持者对不同集体行动的态度。只有当个体对当局不当行为的怀疑较少时，对抗议运动的社会认同才会增强阴谋论信念，这种信念进一步增加个体为集体行动辩护的意愿。换言之，阴谋论信念的中介作用只有在个体感知到的政治腐败程度比较低时才会起作用。这可能是因为当一个人认为当局十分腐败时，他对整个系统的不信任会限制他搜集相关的证据以验证集体行动的正当性。

是不是在社会认同较低的情况下，个体更有可能通过分析收益—损失来决定自己是否参加集体行动呢？贝斯塔和扎瓦兹卡（Besta & Zawadzka，2019）关注到"自我扩展动机"这个更具体的变量的作用。自我扩展动机是个体通过获得新的身份、增强能力、发展新的视角和获得资源而推动自己自我成长和完善的动力，包含非物质的关系自我扩展动机（nonmaterialistic relational self-expansion，如将他人纳入自我中，使自己与同伴的身份相互交织、团体关系融洽的动机）、非关系的自我扩展动机（nonrelational self-expansion，如自我接纳的动机）和物质的自我扩展动机（materialistic self-expansion，如财富累积的动机）（Aron, Lewandowski, Mashek, & Aron, 2013）。该

第二章 集体行动的参与动机：理性与非理性之争

研究在三种集体行动（性少数群体平权运动、全国性慈善活动、宗教活动）中考察对"积极分子"（activism）的社会认同和自我扩展对个体未来参与集体行动的预测作用，结果发现：（1）自我感知到的"积极分子"认同能够正向预测参与集体行动的意愿，即当个体强烈感觉到自己是"为团体利益和社会福祉而参与活动"时，他未来参与集体行动的可能性会更高，这再一次验证社会认同在集体行动中的积极作用；（2）当这一社会认同较低时，自我扩展动机会正向预测集体行动的参与，也就是说，当个体的社会认同较低时，个体更容易从理性计算的角度分析自己能否在集体行动中获得扩展，进而考虑自己是否参与集体行动；（3）非物质的关系自我扩展动机、非关系的自我扩展动机以及物质的自我扩展动机这三种不同的理性分析对集体行动的参与意愿产生不同影响——"积极分子"认同较低的情况下，只有个体更多地考虑前两种动机，未来参与相关集体行动的可能性才会更高。也就是说，当社会认同较低时，人们会更多地考虑与团体的关系和自己在非物质方面受益与否，以决定是否参与集体行动。这是因为集体行动本质上还是一种以群体利益为主要目的的行动，个体如果以获得物质价值为目的，就更不可能以实现群体利益为目的参与集体行动。

将暴乱的种子扼杀在摇篮里

为了整个社会的长治久安，研究者不仅要关注集体行动的演变以及社会认同在这个过程中起到的作用，还要将研究落到一个根本问题上：如何将暴乱的种子及时地扼杀在摇篮里？即如何阻止集体行动从温和型集体行动向暴力型集体行动转变？我们将从外群体和内群体这两个方面，从社会认同的角度提供可能的应对措施。

通过梳理精细化社会认同模型对集体行动演变的解释，我们不难发现，在集体行动从和平抗议到暴力抗议，再到打砸行为的演变过程中，针对弱势群体的粗暴的干预措施是一个非常重要的诱因。也就是说，这种不加区分的处置策略对冲突爆发或升级起到催化的作用（Stott & Reicher, 1998）。我们能否通过改变社会治理者应对弱势群体的方式来避免冲突升级呢？斯托特等人（Stott et al., 2001）重点考察了那些激烈冲突未发生或自行消失的情况，发现当警方以一种"合理"的方式看待和对待某一群体成员时，即对弱势群体内的成员区别对待时，会促使该群体成员遵从相应的社会规范且不被少数主张暴力的成员煽动，从而避免冲突升级。在此基础上，斯托特等人（Stott et al., 2007）随后进行的另一项研究发现，警方"低姿态"的管治方式可以创造和谐的群际关系，并能维持群体内成员的积极自我概念，这样做一方面促使群体内部对少数煽动分子"撤权"，另一方面促进对多数主张和平策略的个体授权，从而避免骚乱的爆发。

除了改变优势群体的态度和应对策略，还有什么措施可以制止群体内的越轨行为呢？另一部分研究者从内群体的角度探索出新的应对策略。首先，研究者发现，高社会认同的群体成员（highly identified group members）往往对群体有更大的影响力，即可以批评所处群体的行为而不受到严厉惩罚，因而他们的行为对于纠正群体内部的越轨行为特别有效。但当一个群体出现不当行为时，那些对整个群体有高度认同的人往往最不可能认识到这些越轨行为和集体犯罪行为的不妥之处，也最不可能采取有效的行动来阻止它们。因此，高效地让高社会认同群体成员意识到群体的越轨行为，对制止这种行为而言是十分必要的。舒曼等人（Shuman et al., 2018）关注到群体形象威胁（group image threat）的作用，发现如果研究者向高社会认同群体成员呈现足够的证据，证明此时这个群体作出的行为严重损害了群体形象，他们会更愿意采取行动以控制群体内的越轨行为。这是为什么呢？舒曼等人通过梳理前人的文献，大胆假设规范冲突（normative conflict）和集体负疚感（collective guilty）在其中起到重要作用。他们让参与者阅读相关的材料，在实验室人为威胁参与者所属群体的道德形象，结果发现，在高形象威胁下，有高社会认同的参与者认为，群体越轨行为与美国的社会规范和价值观的冲突更大，而这种冲突会进一步增加参与者对越轨行为的集体负疚感，最终会让他们更积极地纠正越轨行为。也就是说，在出现抢劫、毁坏公物等越轨行为时，如果能够展示群体犯下的罪行，让对这个群体有高度认同的个体意识到这些行为对群体形象的破坏（即感受到群体形象被威胁），就很可能使他们将这些行为视为违背了群体内的规范并体验到内疚感，进而促使他们停止此类行为，甚至可能补偿受伤害的人。

道德信念与集体行动

除了已被确认的工具理性、社会认同、群体情绪三大前因变量外，还有一些因素会影响或推动人们参与集体行动的意向或行为，其中，意识形态与前述三种主要因素关系密切，且已得到部分研究的支持。

克兰德曼斯（Klandermans，2003）曾提出一系列有关集体行动参与的尚未获得满意回答的问题。第一个尚未回答的问题是意识形态的作用及其与情绪的关系："非常奇怪，几乎没有针对意识形态的系统研究工作，以及人们的理想、价值观如何催生政治激情的研究。"（p.669）因此，他主张将意识形态作为第四种导致参与集体行动的重要动机。另一个尚未回答的问题是关于工具理性、社会认同、群体愤怒和意识形态的相对作用权重的："每一种机制都有自己的作用，但是它们如何一起发生作用？它们是叠加在一起，还是交互影响？它们是彼此相关的，还是相对独立的？"（p.669）

我们将从这两个问题出发，阐述意识形态在集体行动中的预测作用，并结合集体行动社会认同模型（social identity model of collective action，SIMCA），进一步阐述意识形态在集体行动中的作用机制。

意识形态（ideology）是观点、观念、概念、思想、价值观等要素的总和，源于社会存在，不是人脑所固有的。集体行动中的意识形态路径主要指人们对事件是否违背其基本价值观的评估能够激发其参与集体行动的动机，正如克兰德曼斯（Klandermans，2004，p.365）所说："人们对某种事态或政府的决策感到气愤，并发展出道德义愤，希望这种情绪能够得到表达。他们参与社会运动不仅仅是想促进政治变革，还希望通过社会运动来表达情绪，以在其生命中获得尊严。"现有的实证研究已初步证明，意识形态动机对集体行动具有较强预测力。这些研究从两个层次研究意识形态：其一，将意识形态视为一种个体水平的价值观（Van Stekelenburg，2006），涉及个人认同。当这种价值观受到挑战或被违背时，会激发个体强烈的反应和各种维护价值观的行为，而参与集体行动就是一种表达个人观点的方式（Klandermans，2004）。其二，将意识形态描述为"神圣的群体价值观"，是群体成员共享的价值和信念，涉及集体认同（Van Stekelenburg，Klandermans，& Van Dijk，2009）。

神圣的信念

怀特（Wright，2009）曾建议采用"道德信念"（moral conviction）（Skitka，Bauman，& Mullen，2008）这一概念作为分析的参照框架，来理解和阐明意识形态在集体行动中扮演的角色。道德信念指对道德问题持坚定而绝对的立场，任何违反道德信念的行为都会促使个人积极主动地去改变这种行为导致的后果。如果一些事情被视为不道德的，人们不需要其他解释就该反对它；如果因其他考虑（如个人偏好、传统规范、潜在损失）而没有反对它，就会引发后悔、羞愧或内疚等情绪。也就是说，如果道德信念成为引发集体行动的原因，其他动机因素可能就变得不那么相关了。

非道德的强态度与道德信念在以下三个方面存在差异：

首先，在人们的认知上，道德信念的角色比非道德的强态度更加独特，道德信念甚至被看作自我概念的一部分（Boyd，1988）。人们对杀婴、女性割礼或一系列政治问题的态度是强烈的且有关道德的，不同于人们的音乐品位和对电脑操作系统的偏好。当人们用道德信念而非道德的强态度看待一个问题时，前者更能影响人们的行为。

其次，道德信念具有普遍性（Kant，1786）。有些非道德的强态度是个人品位的主观偏好，如对不同美学的喜爱；有些则是规范的约定，如有人认为女性割礼是不对的，因为它违反了当地的法律，但对其他地区的人来说，女性割礼是可以接受的。如果持道德信念来看待这一问题，"对"与"错"就将超越规范、律法和文化背景。

最后一个区别是，道德信念与情绪有不同的联结。你更喜欢听古典音乐而不是摇滚乐，但当你发现有人在听摇滚乐时，你并不会感到特别愤怒；不过，如果你反对伊拉克战争，你会对支持战争的人产生愤怒和厌恶的情绪。另外，当人们的行为与道德信念不一致时，所产生的羞愧、内疚和后悔等情绪要比与非道德的强态度不一致时所产生的情绪强烈。

集体行动中的情绪助推器——道德信念与群体情绪

情绪评价理论强调评估在情绪反应中发挥着重要作用。在评价道德相关事件时，个体会自动忽略外部的权威信息，凭借道德直觉作出判断。个体的道德信念受到威胁，就相当于其世界观和道德秩序感遭受强烈的冲击（Tetlock，Kirstel，Elson，Green，& Lerner，2000），而违反偏好或习俗的行为并不具有同等冲击力。尽管违反偏好或习俗的事件也可能使人们感到失望或愤怒，但与违背道德信念引发的愤怒、蔑视和厌恶等情绪相比，后者的情绪反应更激烈（Tangney，Mashek，& Stuewig，2007）。先前研究已经发现了道德信念与愤怒之间的关系，并提供了有力证据。例如，研究发现，在社会不公平事件中，如果某事件与个体的道德信念不符，不管事实怎样，都会被个体认为是不平等的，这种现象被称为"道德命令效应"（moral mandate）（Mullen & Skitka，2006）。此时，群体成员会体验到群体愤怒，并感到有义务来对抗这种劣势（Van Zomeren，Postmes，&

Spears，2012）。道德信念和因道德信念产生的愤怒情绪都被认为是集体行动的强烈动力（Van Zomeren et al.，2004）。有研究表明，道德信念可以通过政治化认同、群体愤怒和群体效能预测集体行动参与意愿和实际集体行为。如范索梅伦（Van Zomeren et al.，2011）通过研究荷兰的"歧视穆斯林妇女"事件，发现被试关于平等的道德信念可以增强群体愤怒，从而影响参与抗议运动的意愿。

优势群体为弱势群体发声

过往研究中，集体行动大多为弱势群体抗议、示威和请愿（Klandermans，1997；Van Zomeren，Postmes，& Spears，2008）。不过，弱势群体往往也会获得优势群体成员的支持，这一现象近年来才成为学者的研究主题（Iyer & Ryan，2009；Sweetman，Spears，& Livingstone，2010；Thomas，McGarty，& Mavor，2009）。优势群体代表弱势群体作出的行动会影响优势群体的自身利益，因为优势群体在社会上的优势地位是建立在社会不平等的基础上的，而这些行动挑战了这种社会不平等（Jost & Major，2001；Sidanius & Pratto，1999；Tajfel，1978）。虽然这并不意味着优势群体完全支持社会不平等（Subašić，Reynolds，& Turner，2008），但我们依旧想了解，为什么优势群体可以舍弃自己的利益，为了不相干的弱势群体参与集体行动。

范索梅伦等人（Van Zomeren et al.，2011）探索出一种新的心理机制来解释优势群体如何帮助弱势群体挑战社会不平等。具体来说，他们提出对社会不平等的道德信念可以激励优势群体挑战社会不平等，因为道德信念意味着拥有坚定、绝对的立场,不能容忍例外(Skitka, Bauman, & Sargis, 2005; Tetlock, 2002; Tetlock, Kristel, Elson, Green, & Lerner, 2000; Turiel, 1983),任何违背道德信念的行为都会促使个体积极改变这种状况(Skitka, Bauman, & Sargis, 2005; Van Zomeren & Lodewijkx, 2005; Van Zomeren, Postmes, & Spears, 2012),这有效削弱了其他顾虑或动机的影响力。因此,道德信念在激励优势群体挑战社会不平等、帮助弱势群体方面可以发挥极大作用。

表面上只与个体相关的道德信念如何引发集体后果呢?研究发现,这是由于违背道德信念的行为使优势群体对社会不平等的受害者的认同感更强(Tetlock, Kirstel, Elson, Green, & Lerner, 2000; Van Zomeren & Lodewijkx, 2005),推动他们进一步采取行动。这种对弱势群体的认同是优势群体参与集体行动的心理基础,从而在看似个体水平的道德信念和集体行动的社会认同模型之间搭起桥梁(如图2.1所示)。违反道德信念的行为可能引发优势群体对弱势群体的强烈认同,进而激发集体行动,这也构成了群体愤怒和群体效能作为集体行动预测因子的心理基础。违反道德信念的行为不仅会通过认同影响

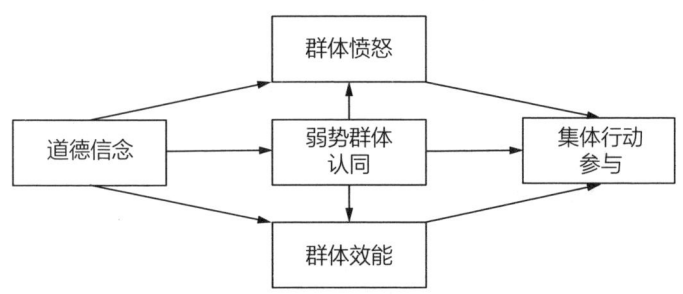

图 2.1 道德信念与集体行动的社会认同模型的整合

集体行动，还会通过群体情绪和群体效能来预测集体行动。

随着研究的推进，研究者还考察了道德信念、政治化认同与集体行动的关系（Van Zomeren，Postmes，& Spears，2012）。他们调查了学生对学生会抗议涨学费的态度，发现道德信念预测了政治化认同（即学生对学生会的认同），进而预测了群体愤怒、群体效能和集体行动参与意愿；群体愤怒和群体效能也预测了集体行动参与意愿。研究结果进一步支持了上述模型。

可见，当道德信念受到侵犯时，个体可通过激发相关的社会认同而参与集体行动；与对优势群体的认同相比，对弱势群体的认同对集体行动的预测性更强；与非政治认同相比，政治化认同感对集体行动的预测性更强。将道德信念与集体行动的社会认同模型相结合，超越了现有的集体行动研究的群体界限，提升了集体行动动机理论的解释力，并为未来的集体行动研究拓展了研究领域。

个体差异、群体意识与集体行动：人格与社会心理学的整合

社会心理学研究者以相对剥夺理论、资源动员理论和社会认同理论等理论为基础，对个体参与集体行动的动机作出了有效的解释。这些解释虽然较好地回答了人们为什么参与集体行动，但没有很好地回答为什么有些人会参与集体行动，而有些人不会，即忽略了个体差异在此过程中的作用。心理学的另一个重要分支——人格心理学在阐述这一问题时，关注人格特征的个体差异和生活经历变量的影响，对积极参与者和非积极参与者的人格特征作了较清晰的描述和区

分（Block et al., 1969），但没有解释为什么这些个体差异与集体行动关联在一起。当前，越来越多的研究者认识到，人格心理学和社会心理学的结合，即将个体差异变量整合到集体行动动机的研究中，可以更深入、全面地理解集体行动的参与动机（Curtin, Stewart, & Duncan, 2010; Duncan, 1999, 2010; Duncan & Stewart, 2007; Vecchione et al., 2015）。

我们基于邓肯（Duncan, 1999）提出的集体行动参与动机模型，将社会心理学中解释集体行动参与动机的四个主要理论整合到个体差异对集体行动参与的影响中，以解释为什么有些群体成员形成了群体意识并成为政治上的积极参与者，而另一些群体成员没有这样做。具体来说：将群体意识（group consciousness，来自社会心理学）作为个体差异变量（来自人格心理学）影响集体行动参与的中介机制（如图2.2所示），用来解释个体参与集体行动的动机。在这个模型中，群体意识是首要变量，它不但包括与群体认同和共同命运相关的社会心理学变量，还包括与群体地位评价以及群体间权力不平衡相关的社会心理学变量。图2.2显示了通向集体行动的两条路径——直接路径（即个体差异→集体行动）和间接路径（即个体差异→群体意识→集体行动）。人格心理学研究大多关注"个体差异→群体意识"（路径A）以及"个体差异→集体行动"（路径C），而社会心理学研究更多关注"群体意识→集体行动"（路径B）。研究显示，当存在时间压力时，直接路径更可能出现（Duncan, 1999）；当某特定群体不存在迫切威胁时，间接路径更可能出现。该模型还显示了交互作用——集体行动可能形成群体意识，也可能改变人格。例如，有研究调查了参与女权运动的女性，发现这些女性在支配性、自我接纳、共情等人格特质问卷上的得分明显提高（Agronick & Duncan，1998）。

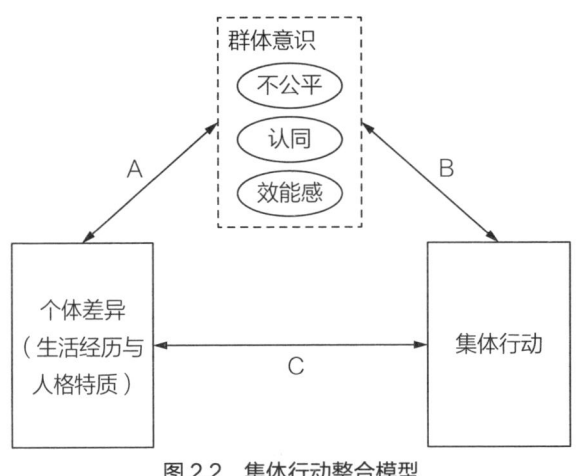

图 2.2　集体行动整合模型

我们将首先回顾关于群体意识的社会心理学模型，然后回顾关于集体行动的人格心理学研究，在此基础上，将其与社会心理学的相关研究进行整合；最后，展望未来有研究价值的领域。

群体意识与集体行动的社会心理模型

范索梅伦等人（Van Zomeren et al.，2008）对 69 篇已发表的包含 182 个独立样本的集体行动领域的社会心理学研究进行元分析，发现了影响集体行动参与的三个主要变量——不公平感、认同和效能感，在此基础上，提出集体行动的社会认同模型。该模型有效整合了社会心理学领域已有的关于集体行动的研究成果，但它没有很好地展示个体参与集体行动动机的现象学体验，即群体意识。接下来，我们将梳理有关群体意识形成的社会心理学理论，并分析群体意识与集体行动的关系。

阶层意识理论

基于社会认同理论，古林及其同事（Gurin et al.，1980）认为，阶层意识包含四个要素：（1）群体认同，即承认群体内的共同利益或共同命运感；（2）权力不满，即认为一个群体相对于高地位群体，其权力被部分剥夺；（3）拒绝合法性，即认为群体成员身份的不平等是不合法的（也称作"系统性责备"）；（4）集体导向，即认为群体成员应该齐心协力消除群体间的不平等。其中，群体认同与其他三个要素相关，而后三个要素构成了政治意识形态（political ideology），即承认本群体在权力等级中的位置，拒绝其他群体将群体相对位置合理化，并对群体问题持集体解决的态度。群体认同和政治意识形态在个体水平上共同创造了群体意识。注意，在群体意识的形成过程中，认同社会运动或积极分子身份（即政治化社会认同）并不是必需的（Simon & Klandermans，2001）。

群体认同的形成基于共同的分层特征。分层特征可以是种族、民族、性别、年龄等，形成非自愿的群体成员身份，也可以是社会运动组织，形成自愿的群体成员身份。基于这两种不同类型群体成员身份形成的群体意识存在本质不同——前者形成的群体成员行动时可选择的余地小，更可能参与集体行动。

认同一个群体本身并不足以产生群体意识，群体认同必须政治化才能产生群体意识。例如，很多女性强烈认同女性身份，但没有女权主义意识，因为认同女性群体并不必然伴随着对女性群体不平等地位的评价。

不同的情境会凸显不同的群体身份，但某些群体身份可能具有持久凸显性。例如，当种族意识正在形成时，种族成为个体解读环境信息的基准。另外，不同群体身份之间存在关联。例如，一个人作为男性的经历有赖于他的其他群体特征，如他是非洲人还是欧洲人。有研究者称此现象为"交叉性"(intersectionality)(Cole，2009)。当考虑到群体身份之间的交叉性，认同凸显问题变得更复杂。对群体的认同如何达到政治化是个复杂的问题，值得进一步研究。

黑人化理论

克罗斯（Cross，1971，1991；Cross & Vandiver，2001）提出的黑人化理论（theory of nigrescence）通过描述群体认同政治化的过程，推进了我们对群体意识的理解。虽然该理论最初是用来描述政治化种族认同的形成过程的，但它现在已被应用于描述其他类型的群体意识的形成，如女权主义意识、同性恋意识等（Constantine，Watt，Gainor，& Warren，2005）。

该理论提出低地位群体认同政治化的五个阶段：（1）前遭遇期（preencounter），处于这一阶段的个体通常认同主流、优势群体的文化，拒绝或否认自己所属低地位群体的文化。（2）遭遇期（encounter），指受个体经历的某些特殊经验的影响，个体开始意识到所属群体在社会中所处位置的不平等性，通常会对高地位群体或整个社会产生愤怒感（与古林等人提出的权力不满和拒绝合法性类似），认为有必要改变自己当前的认同。（3）沉浸/再现期（immersion/emersion），是新旧认同的转型阶段，指彻底拒绝主流文化，无批判地接受低地位群体。(4) 内化期（internalization），指个体已经将所属群体的身份意义内化，形成新的世界观；认同发展达到了一种和谐状态，不管是在人格上还是在认知风格上，都已经成功完成了重组。例如，对白人和压迫体系的义愤填膺，被通过批判性的分析和自省形成的黑人荣耀感和黑人社区的强烈关联感所替代。(5) 内化—承诺期（internalization-commitment），指为了反对种族主义压迫体制，个体开始产生具体行为，积极投入相关的政治和社会运动。

该模型得到了很多研究的支持。例如，理查德（Rickard，1989，1990）的研究显示，持有前遭遇期认同的女大学生更可能加入保守、传统的校园组织，并对约会持传统态度，对职场女性持消极态度；而持有内化的政治化（女性主义）认同的女大学生更可能加入女性主义或同性恋权益组织，对约会持非传统态度，对职场女性持积极态度。

克罗斯的理论细致描述了个体在形成政治化的群体认同过程中的体验。当政治化的群体认同已经建立（克罗斯的理论模型中的阶段二至阶段五），政治化的群体认同又如何转化为集体行动呢？这在相对剥夺理论中得到了部分回答。

相对剥夺理论

克罗斯比（Crosby，1976）的相对剥夺理论描述了当个体被剥夺了他们希望拥有的资源后的消极体验。该理论可以视为对阶层意识模型中的权力不满和拒绝合理性的细化，它还建立了群体意识和集体行动之间的关联。根据克罗斯比的模型，产生相对剥夺的体验需要满足五个充分必要条件：发现他人拥有 ×；期望拥有 ×；感到值得拥

第二章 集体行动的参与动机：理性与非理性之争

有 ×；认为可能获得 ×；对于没能拥有 × 缺少责任感。后来，该理论得到扩展（Crosby & Gonzalez-Intal，1984），包括了代表其他群体的成员感到被剥夺（即意识形态剥夺）和对第三方不合理地拥有某种资源的愤怒（Clayton & Crosby，1992），使得该理论可以用来解释为什么社会运动的非直接受益群体的成员也会参与运动（Jennings，1991；Iyer & Ryan，2009）。

克罗斯比认为，内/外责性（intro/extrapuntiveness）和个人控制这两个人格特质可能调节相对剥夺和集体行动参与之间的关系。具体来说，当个体感受到被剥削后，个体既可能将愤怒指向内部（自己），又可能指向外部（社会），而个体的个人控制水平影响其随后的行为选择。个人控制与政治自我效能相似，而内/外责性维度与系统责备相关。对于高个人控制的外责型个体，当存在改变的开放机会时，相对剥夺更可能导致建设性社会改变；而当改变受阻，或对于低个人控制的外责型个体，相对剥夺更可能导致暴力的反社会行动。如果个体是内责型的，相对剥夺更可能导致压力症状（当个人控制水平低时）或自我提升（当个人控制水平高时）。

上述三个理论和集体行动社会认同模型都有助于解释为什么人们会参与集体行动，但各有优势和不足。集体行动社会认同模型的不公平成分和相对剥夺理论都描述了消极情绪对人们参与集体行动的作用，但后者没有明确指出共同命运感对于在群体水平上体验到这种消极情绪的重要性，这一点在前者的社会认同成分、阶层意识理论和黑人化理论中都被明确强调。集体行动社会认同模型的效能成分和阶层意识理论都明确指出群体效能在相对剥夺感转化为集体行动中的作用，但都没有解释这种群体意识是如何在个体水平上产生的。黑人化理论在一定程度上填补了这个空白，细致描述了个体形成政治化群体认同的过程。

个体差异、群体意识和集体行动

社会心理学理论解释了个体参与集体行动的动机，而人格心理学关注与群体意识密切相关的个体差异变量。早期人格心理学取向的集体行动研究试图找出能区分 20 世纪 60 年代学生运动积极分子和非积极分子的个体差异变量（Block et al., 1969），当前的相关研究已经从描述群体差异扩展到与社会心理学领域中有关社会认同的研究相结合，发现与群体意识和集体行动相关的人格变量（Curtin, Stewart, & Duncan, 2010; Duncan, 1999, 2010; Duncan & Stewart, 2007; Vecchione et al., 2015）。这些研究多为实证性或数据导向的，缺少整合的理论。接下来，我们在回顾与群体意识和集体行动相关的人格研究的基础上，分析群体意识如何调节个体差异变量的影响。这里的个体差异既包括生活经历（如家庭背景、发展阶段、歧视经历等），又包括人格特质（如政治自我效能、权威主义、认知灵活性等）。

通常，人格和社会心理学的整合都基于人格—情境交互作用框架（Higgins, 1990）：社会心理学实验操作情境认为个体差异变量在各实验条件下是随机的；人格心理学将情境视为常量，个体差异变量是变化的。在这里，我们将情境变量（这里指自然发生的生活经历而非实验操作）视为个体差异变量，分析个体间不同的生活经历如何对群体意识的形成和集体行动的参与产生不同的影响。

第二章　集体行动的参与动机：理性与非理性之争

生活经历

其一，家庭背景。

有关20世纪60年代学生运动的研究显示，20世纪60年代社会运动的早期参与者大多是自由主义家庭出身（Block, Haan, & Smith, 1969; Jennings & Niemi, 1982），以及信仰自由或者无宗教信仰的家庭出身（Astin, 1969; Block et al., 1973）。这可能因为，在这类家庭中成长起来的人更可能被教导对社会问题进行系统性归因，这对群体意识有提升作用，进而促进他们参与集体行动。

有关学生运动积极参与者的父母教养风格的研究发现，这些早期学生运动的积极参与者多来自相对温暖、宽容的家庭。这样的家庭本身不过分强调纪律，父母更可能允许孩子共同参与家庭决策（Block et al., 1973; Braungart & Braungart, 1990）。允许个体自由探索社会中遇到的观点和想法，能间接促进群体意识的形成和发展，而非直接影响集体行动参与。当然，不能否认，有些时候，家庭对集体行动能够产生直接影响。例如，如果父母认为集体行动是社会变革的一种行为方式，他们就会鼓励孩子做相同的事情（Duhigg, Rostosky, Gray, & Wimsatt, 2010; Duncan & Stewart, 1995; Ramirez-Valles, Kuhns, Vázquez, & Benjamin, 2014）。

其二，发展阶段。

根据埃里克森（Erikson, 1963）的社会心理发展八阶段理论，在个体的发展过程中存在某些特殊的时期，此时，个体对可能导致群体意识形成的经历极其敏感。斯图尔特和希利（Stewart & Healy, 1989）认为，个体在青春期末期和成年早期经历的社会事件，将影响个体对机会的感知及其生活选择，而这些将成为个体个人认同的一部分（Duncan & Agronick，1995；Schuman & Scott，1989；Stewart & Gold-Steinberg，1990）。此外，个体在成年后期（中年期）经历的事件，同样会影响个体对新的机会和选择的看法，这为认同修复创造了"新的机会"（Duncan & Agronick，1995；Stewart & Healy，1989）。根据斯图尔特和希利的理论，无论是优势群体成员还是弱势群体成员，一个人在成年早期和中期更易产生或修正个人认同，更有可能发展群体意识。

值得注意的是，如果个体在接受性（receptive，即对社会事件具有高敏感性）的社会心理阶段曾对某一针对特定社会群体的集体行动产生过共鸣，其群体意识就将得到极大的发展。例如，在女权运动爆发时恰逢青年期的女性，要比已是中年人的女性，更可能形成女权主义意识，因为青年女性正处于接受性的发展阶段（Duncan & Agronick，1995）。同样，在成长过程中没有经历过女权运动的青年女性，也更不可能发展出女权主义意识（Duncan & Stewart，2000；Zucker & Stewart，2007）。因此，个体发展阶段能够调节社会运动经历、群体意识发展和集体行动参与之间的关系。

其三，歧视经历。

根据黑人化理论中对遭遇期的描述和界定，个体受到歧视的经历通常导致群体认同的政治化（Friedman & Ayres，2013；Górska & Bilewicz，2015）。研究证实，相较高地位群体的成员，低地位群体的成员对群体成员的身份有更强的意识，更可能形成和发展群体意识（Duncan，1999；Gurin，1985；Gurin et al.，1980；Lykes，1985）。另外，研究发现，女权主义认同的发展和个体的性别生活经历密切相关（Becker & Wright，2011）。例如，曾经历过堕胎（Stewart & Gold-Steinberg，1990；Zucker，1999）、离婚（Fahs，2007）和性侵（Koss & Cleveland，1997）的女性，更可能发展出政治化女权主义认同，因为这些特殊的经历促使她们质疑女性目前的法律、社会和经济地位，引发她们的相对剥夺感。可见，遭受歧视的生活经历直接与认同、感知不公相关，并且通过发展群体意识，间接增加了参与集体行动的可能性（Breslow et al.，2015；Cronin et al.，2012；Sohi & Singh，2015；Swank & Fahs，2013）。

其四，物质资源。

资源动员理论（McCarthy & Zald，1977）认为，当为了一个特定的事业而动员足够多的经济和人力资源，就会出现集体行动。凯博（Kerbo，1982）认为，在经济稳定时期出现的集体行动尤其如此。从个人层面讲，对白人和非裔学生运动积极参与者的研究一致表明，参与这些集体行动的个体更多来自在经济上享有特权和保障的家庭（Block et al.，1969）。也就是说，拥有高收入的政治化的个体更有可能参与集体行动。然而，这些关系可能会受到群体意识的影响。注意，这里需要区分能够调动物质资源的能力和群体效能感。资源动员可能会调节群体意识和集体行动之间的关系，而群体效能感调节了个体变量、认同和集体行动之间的关系。

其五，教育和工作经历。

关于低社会地位成员的群体意识研究表明，他们的教育和工作经历与种族和性别意识的发展具有正相关（Caplan，1970；Carroll，1989）。因此，教育可以提高群体意识从而间接促进集体行动的参与。例如，女性可以通过学习课程增强对女权主义的认同。在社会中处于相对低地位的群体成员，可以通过教育提高群体意识的水平（Bargad & Hyde，1991；Henderson-King & Stewart，1999）。

其六，加入社会活动组织。

社会活动组织通常至少有两个相互补充的目标：提高群体意识和组织集体行动。加入一个接纳自己并感到舒服的组织，至少可以通过以下三种方式促进个体参与集体行动：第一，社会活动组织通过招募对组织本身感兴趣但并不具有政治倾向的个体成为组织成员，可以让组织成员直接参与集体行动（图2.2中的路径C），这种参与行为本身也有助于形成群体意识（图2.2中反向的路径B）。克兰德曼斯和伯格玛（Klandermans & Oegema，1987）的研究发现，对于热爱和平但没有政治化的个体，如果其非正式社交网络中有朋友和熟人积极参与和平运动，他们参与反核武器竞赛活动的可能性就将增大。第二，社会活动组织通过提高个体的群体意识并提供一个有凝聚力的行动计划，间接促进个体参与集体行动（图2.2中的路径A和B）。第三，参加社会活动组织可能有助于维持个体对某一事业的积极承诺（图2.2中的路径C）。随着互联网的快速发展，研究者已经开始关注到互联网，特别是社交媒体，对群体意识和集体行动的可能影响（Alberici & Milesi，2013；Bonilla & Rosa，2015；Foster，2015；Pearce & Kendzior，2012；Velasquez & LaRose，2015）。

人格特质

其一，个人政治凸显性。

个人政治凸显性（personal political salience）指个体将个人意义赋予到社会和历史事件中的倾向。研究发现，它与政治激进主义及对社会运动的反应相关（Cole & Stewart，1996；Cole，Zucker，& Ostrove，1998；Curtin et al.，2010；Duncan，1999；Duncan & Agronick，1995；Duncan & Stewart，1995，2007）。例如，多个针对受过教育的中年女性的研究都表明，群体意识在个人政治凸显性和与政治化认同相关的激进主义参与的关系中起中介作用（Duncan & Stewart，2007）。

其二，政治自我效能。

过往研究已经证明，政治自我效能能够影响集体行动参与（Cole & Stewart，1996；Cole et al.，1998；Osborne，Yogeeswaran，& Sibley，2015）。政治自我效能高的个体相信他们的行为可以有效影响政治进程（Renshon，1974）；高政治自我效能可能与古林等人（Gurin et al.，1980）提出的集体导向交互影响集体行动的发生。政治自我效能还可以影响激进的程度：具有高群体意识和高政治自我效能的个体，更有可能根据自己的想法行事；而拥有高群体意识和低政治自我效能的个体，可能选择不采取行动，因为他们认为采取行动是无法实现预期目标的。除此之外，高政治自我效能和高政治信任的组合与传统的政治参与相关，而高政治自我效能和低政治信任与非传统的社会改变相关（Crosby，1976）。

其三，传承。

传承（generativity）即为后代作出贡献的愿望。这种愿望通常在个人的工作、家庭中得到表达，当然也可能在政治领域有所表露（Erikson，1963）。渴望为世界更美好作出贡献的个体，往往对参与与正义、平等相关的集体行动感兴趣。大量相关研究已经证实，在传承上表现出强烈意愿的大学生和中年人，更有可能参与集体行动（Cole & Stewart，1996；Hart，McAdams，Hirsch，&

Bauer, 2001; Peterson & Duncan, 1999; Peterson, Smirles, & Wentworth, 1997; Stewart & Gold-Steinberg, 1990），其中群体意识将起调节作用——同为高传承倾向，群体意识高的个体比群体意识低的个体更积极地参与集体行动。

其四，权威主义。

权威主义（authoritarianism）通常与集体行动具有负相关（Saeri, Iyer, & Louis, 2015），但少数研究发现，其与支持生命的激进主义运动（如反堕胎运动）具有正相关。例如，右翼权威主义与女权激进主义（Duncan, 1999; Duncan, Peterson, & Winter, 1997）、反战激进主义具有负相关（Duncan & Stewart, 1995），但与支持生命事业相关的签名、请愿和捐款具有正相关（Duncan, Peterson, & Winter, 1997），而与其他保守激进主义，如支持海湾战争的运动（Duncan & Stewart, 1995）和支持民主党的运动（Duncan, 1999），并不存在显著相关。总之，权威主义通常与政治活动不相关，但与保守的社会运动相关。

其五，其他人格变量。

关于20世纪60年代学生运动的研究显示，参与集体行动的学生相比未参与集体行动的学生，在认知灵活性、自主性和冲动表达这三项个人特质上的得分更高（Baird, 1970; Block et al., 1973）。认知灵活性和自主性与集体行动之间的关系可能受群体意识的调节。也就是说，针对当时的情况，学生参与的集体行动大多与尚未被认可的意识或行为相关，而思维灵活的学生更容易被这种非传统的意识所吸引，形成群体意识，间接影响集体行动的发生。

其他业已发现与集体行动相关的人格变量包括经验开放性（Brandstätter & Opp, 2014; Curtin et al., 2010; Roets, Cornelis,

& Van Hiel, 2014)、乐观（Galvin & Herzog, 1998; Greenberg & Schneider, 1997）和评价需求（Bizer et al., 2004），这些变量都可以通过群体意识的调节或中介作用影响集体行动。

整合模型

基于上述分析，表2.1将前文涉及的有关个体差异变量的人格研究和社会心理学模型进行整合，说明了相关群体意识对于集体行动的假设效应。一方面，个体差异变量和集体行动之间的关系可以通过群体意识变量来实现，这可能是中介作用，也可能是调节作用或直接作用。例如，邓肯和斯图尔特（Duncan & Stewart, 2007）发现，个人政治凸显性（一个人格变量）与集体行动通过政治化的群体认同（特别是群体意识）存在间接关系。另一方面，对社会运动组织的可接近性更可能调节政治化群体认同和集体行动之间的关系。但是，表2.1中所列出的大多数关系（效应）都是假设的，需要实证验证。

在我们在作出上述整合努力的过程中，术语的统一问题值得关注，尤其是与"群体意识"有关的术语。早期研究者，如古林等人（Gurin et al., 1980）使用了术语"阶层意识"，随后，邓肯（Duncan, 1999; Duncan & Stewart, 2007）使用了"群体意识"和"政治化的群体认同"，而西蒙和克兰德曼斯（Simon & Klandermans, 2001）使用了"政治化的集体认同"，这些术语关系密切但不完全相同。政治化的集体认同强调将集体行动放在更大的社会情境中，还被扩展为对社会运动组织的认同（Simon et al., 1998）；群体意识在提出伊始被视为一个个体差异变量，该变量会影响行为，但在定义中并没有将行为作为核心成分；阶层和群体意识现今已经被用来描述对特定人口学群体成员身份的认同，而不是对政治组织成员身份的认同。细分群体意识的不同成分，正如社会心理学研究所做的工作，有助于我们更细致地分析驱动集体行动的特定过程；而将这些成分整合到政治化的集体认同中，正如人格心理学研究所做的工作，有助于将其他个体水平的变量引入分析中。两种研究途径都有效，都有赖于具体的研究问题。

表 2.1　个体差异变量、相关群体意识和集体行动参与之间的关系

	个体差异变量		相关群体意识	对集体行动的假设效应
生活经历	家庭背景	自由主义家庭	不公平	中介
		温暖、宽容家庭	不公平	中介/调节
	发展阶段		认同	调节
	歧视经历		不公平/认同	中介
	物质资源		效能感	调节
	教育和工作经历		不公平/认同	中介
	加入社会活动组织		不公平/认同/效能感	中介/调节/直接作用
人格特质	个人政治凸显性		不公平/认同/效能感	中介
	政治自我效能		效能感	调节
	传承		不公平	中介/调节
	权威主义		不公平	中介
	其他人格变量	认知灵活性	不公平	中介
		自主性	不公平	中介
		冲动表达	效能感	调节
		经验开放性	不公平	中介
		乐观	不公平/效能感	中介/调节
		评价需求	不公平	中介

第二章 集体行动的参与动机：理性与非理性之争

未来研究方向

志愿行为和集体行动的异同

斯奈德和奥莫托（Snyder & Omoto，2008）将志愿行为定义为，个体经过思考、自由选择作出的助人行为，该行为是长期的且不期待获得报酬或其他形式的补偿，通常指向需要帮助的特定事业或个人且通过正式组织实施。他们证实了参与志愿行为的动机（如表达个人价值、增强自我价值感、建立和强化人际关系、获得职业技能和社区关注）与志愿活动本身相匹配的重要性（Snyder & Omoto，2001）。这方面的研究符合将个体差异变量和集体行动相联系的研究传统，即图2.2中的路径C。

斯奈德和奥莫托（Snyder & Omoto，2008）认为，认同对志愿行为有促进作用，就像它在与政治相关的集体行动中发挥的作用一样。另外，上述提及的志愿行为动机可能同样适用于集体行动，这两个问题需要在未来继续探讨。

然而，志愿行为和集体行动至少存在两方面不同：其一，志愿行为通常关注需要帮助的个体，不需要挑战政治或社会制度，而集体行动并非如此（Simon & Klandermans，2001）；其二，志愿行为通常不需要认同求助者所属群体，只需要同情就可以，而集体行动涉及政治化的群体认同。例如，志愿行为的定义并没有涉及群体间的"权力斗争"，用古林等人（Gurin et al.，1980）的话来说就是，志愿行为并不一定涉及权力不满和拒绝合法性，而这对于政治化的群体认同至关重要（Simon & Klandermans，2001；Subašić et al.，2008）。

志愿行为可以是为了帮助内群体成员，也可以是为了帮助外群体成员，不一定涉及政治化的群体认同。研究表明，共情和喜爱与志愿行为的增加有关（Batson，1998），前者与内群体助人相关，后者与外群体助人关系更密切（Stürmer, Snyder, & Omoto, 2005）。与之不同的是，政治化的群体认同在大多数集体行动模型中都发挥核心作用（Duncan, 1999; Simon & Klandermans, 2001; van Zomeren et al., 2008）。越来越多的研究开始关注志愿行为和集体行动动机之间的区别和联系（如Chung & Probert, 2011; Gilster, 2012）。

联盟或群体外成员发起的集体行动

研究志愿行为和集体行动之间的关系的另一条途径是探究高地位成员代表低地位成员进行集体行动或"联盟"（如支持同性恋、双性恋、变性群体的异性恋联盟）发动的集体行动。联盟集体行动关注的是通过挑战体制来帮助低地位群体，而非帮助个体。这种行动可能需要认同低地位群体，但更多的可能是基于对特权的批判性分析或更广泛的意识形态，而不是基于个体的歧视经历（或对个人收益的预期）。詹宁斯（Jennings, 1991）认为，意识形态剥夺（即代表其他群体成员感受到被剥夺）可能解释了人们为什么会参与那些即使成功了也无法给他们直接带来收益的集体行动。事实上，这种意识形态剥夺可能伴随着更高级别的群体认同（Subašić et al., 2008），如基于人道主义价值观的认同（或对全人类的认同）（McFarland, 2010）。近期研究表明，基于观点的群体认同与集体行动参与意愿相关（McGarty, Bliuc, Thomas, & Bongiorno, 2009）。但无论如何，到底是什么促使"联盟"代表低地位群体成员参与集体行动，是一个新兴的研究领域（Brown，2015；Curtin，Stewart，& Cole，2015；Glasford & Pratto，2014；Grzanka，Adler，& Blazer，2015）。

基于志愿（或隐藏）群体成员身份的集体行动

已有的集体行动参与动机研究多基于具有不可渗透性和稳定性的群体成员身份而开展（Tajfel，1978），这些群体成员身份对外部观察者来说通常是显而易见的。然而，也存在基于可渗透的和不稳定的群体成员身份的集体行动，例如，为解决特定的临时性问题而形成的群体。此时，政治化的群体认同是否有用或有必要是一个值得关注的问题（McGarty et al.，2009）。

与此相关但很少被研究的主题是关于看不见的低地位群体成员的身份，有些学者称其为"隐藏的污名"（Frable，Platt，& Hoey，1998；Pachankis，2007）。研究表明，对这种群体成员身份的政治化能有效预测集体行动（Stürmer & Simon，2004b）。是什么因素促使一些隐藏污名者政治化他们的认同，而另一些没有，值得未来进一步研究。

身份理解交叉性对集体行动参与的影响

科尔（Cole，2009）指出了心理学研究中多重群体成员身份的复杂性，这一点对集体行动研究很有启发意义。科尔将交叉性描述为同时考虑认同、差异和劣势的意义和后果的分析方法。也就是说，所有人都拥有多重社会身份，其中一些是低地位，而另一些是高低位。例如，白人女性因种族而处于优势，但因性别而处于劣势。

自20世纪70年代以来，女权主义理论家一直在讨论交叉身份内生的集体行动困境（如 Combahee River Collective，1977）。乌尔塔多（Hurtado，1989）明确提出，相较高地位群体，低地位群体的地位可能会因为兼有其他群体成员身份而有所不同。例如，白人女性和有色人种的女性与白人男性的关系不同，由此导致了她们受到不公平对待的方式和类型的差异。

近期，随着从非洲和中东地区涌入欧洲的移民的增加，研究者开始关注这种社会变化对政治化的群体认同以及基于国籍身份和低地位种族身份的交叉性对集体行动的影响（Green，Sarrasin，& Maggi，2014；Klandermans，2014；Simon & Grabow，2010；Simon，Reichert，Schaefer，Bachmann，& Renger，2015）。我们所描述的群体意识模型并没有明确地探讨身份交叉问题，然而，关注群体成员身份的复杂性可以加深对集体行动动机的理解，并为未来研究提供有意义的研究方向。

理解右翼或保守的集体行动

另一个亟待研究的领域是理解右翼或者保守派政治激进主义对集体行动的影响。社会学家和政治学家对此问题做了一些定性研究。例如，金斯伯格（Ginsburg，1998）对支持堕胎和反对堕胎运动参与者的研究，以及伊齐基尔（Ezekiel，1996）对美国新纳粹分子和三K党成员展开的研究。在心理学领域，一些研究人员考察了支持战争的激进分子的相关人格特质（Duncan & Stewart，1995），也考察了极端的左翼和右翼积极分子的右翼和左翼权威主义人格水平（Van Hiel，Duriez，& Kossowska，2006）。

在约斯特等人（Jost et al.，2003）的元分析中，他们发现，与保守主义相关的心理变量包括对模糊的容忍性、死亡焦虑、低经验开放性、不确定容忍、对秩序/结构/闭合的需要，以及对威胁、损失的恐惧（也可参考 Van Hiel, Onraet, & De Pauw, 2010）。研究者认为，保守主义意识形态根植于对变革的心理阻力和对不平等的辩护，而上面提及的诸多心理变量能够帮助保守主义者应对不确定性和威胁。

目前，还没有研究应用群体意识理论来理解保守主义或右翼激进主义。政治化的群体认同可能是从相对剥夺发展而来的——当高地位群体成员认为低地位群体成员获得的某些缺失的权利（如女性获得教育机会）是不应该得到的，或剥夺了高地位群体之前享有的特权，高低地位群体成员就可能体验到相对剥夺感。未来研究可以系统探索保守激进主义者的群体意识，以及如何维持基于错误地位评估而产生的相对剥夺感（Duncan, 2010; Ezekiel, 1996）。

增加或减少集体行动的策略

了解群体意识、相对剥夺或政治化群体认同的形成过程，不但有助于社会管理层采取策略干预这些过程，以减少低地位群体成员的集体行动，而且为社会运动组织方动员潜在的参与者提供了启发。在欧美，减少低地位群体发动集体行动的一种主要方式是通过限制系统性责备来降低相对剥夺感，即让人们认识到自己要对"对于没能拥有×"负责（Crosby, 1976; Stroebe, 2013; Yeung, Kay, & Peach, 2014）。实际上，精英主义在美国盛行，很少有人认真讨论阻碍个人达成目标的结构性因素（Kluegel & Smith, 1986）。当特定群体成员处于相对无权力地位时，他们大多认为这是他们自己的错——如果他们付出了足够的努力，就会获得成功。与精英主义相关，大多数资本主义国家都推崇个人主义。即使群体成员感到不满，除非该群体有集体行动的历史，否则也不太可能采取集体的解决方案。

另一种阻碍低地位群体意识发展的有效方式是限制群体接触社会比较群体。例如，来自美国政府的统计数据显示，保育员、佣人和教师助理这类处于美国薪水底层的职业，同时也是女性占多数的职业。其中，88%的教师助理为女性，平均年薪为21 125美元，而男性教师助理的平均年薪为25 873美元（US Census Bureau，2015）。这一领域的男性太少，女性没有机会接触到收入相对较高的比较群体，这阻碍了她们形成相对剥夺感和群体意识。

此外，越来越多的研究探索了减少偏见对低地位群体激进主义的抑制作用（Becker, Wright, Lubensky, & Zhou, 2013; Tausch, Saguy, & Bryson, 2015）。研究发现，减少高地位群体成员的偏见，同时增加群体间的接触，能减少低地位群体成员的相对剥夺感，进而降低集体行动参与的动机（Tropp, Hawi, Van Laar, & Levin, 2012）。古林等人（Gurin et al., 1980）认为，女性与男性的高水平接触，可能是美国妇女运动高峰期女性性别意识一直不高的原因之一。

与上述减少集体行动的策略相对应，研究发现，引导特定群体对社会地位劣势作系统性归因，能够增强其群体意识，进而促进集体行动。例如，亨德森-金和斯图尔特（Henderson-King & Stewart, 1999）比较了两组想参加妇女研究导论课程的女性——一组被录取，另一组被列入候补名单。他们在为时一学期的课程前后测量了这些女性认同女性主义的程度，结果发现，在学期末，参加课程的女性的女性群体意识显著高于候补名单上的女性,这些具体体现在女权主义认同感、权力不满、共同命运和系统性责备、性别歧视敏感性等变量的得分上。未来研究可以系统地考察克罗斯比(Crosby,1976)提出的产生相对剥夺感的五个前提条件,为增加或减少集体行动提供实际的建议。

第三章

时代变迁中的集体行动

文化与集体行动

众所皆知，示威、罢工、请愿以及其他形式的集体行动并不局限于西方世界，在其他文化的社会中也存在集体行动。例如，2013年，土耳其政府决定将为数不多的公共绿地之一格兹公园（Gezi Park）的所有权移交给开发商，改建成购物中心，这引起民众的大规模抗议（即"格兹公园抗议"）。由此衍生了一个重要但少有研究触及的议题：文化与集体行动。文化与集体行动有怎样的关系？文化如何影响集体行动？接下来我们尝试回应这些问题。

集体行动中的文化解读和意义构建

以资源动员理论为代表的理性主义（Cress & Snow，1996；McCarthy & Zald，1977）和以政治过程论为代表的结构主义（McAdam，1982；Tarrow，1994），对集体行动的研究产生了深远的影响。前者关注集体行动发起需要的物质资源，但忽视了结构性因素对集体行动的制约；后者则将集体行动的研究重点扩展到宏观政治环境，相对忽视了集体行动在微观层面上的动力机制。总体来说，两者都忽视了思想动员对集体行动形成的重要作用。框架建构论主张将观念和意义重新带回社会运动研究之中，它强调只有当行动者对他们面临的处境有共同定义和理解时，参与集体行动的意义才会被构建出来，集体行动的形成才有可能。行动者如何构建出拥有对意义的共同理解的集体行动框架也就成为框架建构论的核心议题。正是在这种集体行动框架的形成过程中，文化及其要素成为社会运动研究中的一个热点。

文化与集体行动的形成

文化对集体行动的形成十分重要，这可以从集体行动的目标与行动参与者的动机两个角度来分析：集体行动通常旨在挑战现存的权威关系或某种主流价值与文化，这使得在集体行动的产生和形成的过程中天然存在某种文化间的互动与冲突；从参与者的动机来看，群体认同和群体愤怒是集体行动产生的重要条件，集体行动的形成很大程度上取决于行动参与者对参与集体行动的意义的共同理解是否一致（即共识性的认知和情感，在此过程中，潜在参与者如何理解和利用各种文化要素来达成共同的意义理解也就成为集体行动能否形成的关键（Snow，2004）。由此衍生出两个问题：如果集体行动是对占支配地位的主流文化与价值的挑战，它如何在连贯、稳定的文化系统中得以形成？如果集体行动的形成以共识性的认知和情感为基础，那么是什么限制了集体行动参与的共同意义建构？

对于第一个问题，我们可以从有关集体行动的观念动员的相关研究中寻找答案。斯诺等人（Snow et al.，1986）提出"框架建构"的概念，认为社会运动动员成功的关键是建立集体行动框架。通过特定的集体行动框架，社会运动的组织者能够充分发挥框架的聚焦、联结和转变的功能，重新解读、组织外界的事物和他人的经验，赋予社会运动及其相关现象以特定的意义，从而激化拥护者，将旁观者变成支持者，使运动对象作出让步，并击溃运动的反对者（Snow，2004）。在建构集体行动框架的过程中，研究者关注社会运动组织者如何通过表达与利用诸如规范、信念、标记、身份和故事等文化要素（夏瑛，2014），来取得集体行动的共识，有时候部分文化要素甚至来源于主流文化。

对于第二个问题，我们需要整合文化的两个研究思路——文化工具箱和作为规范系统的文化。文化工具箱研究思路认为，塑造我们行动的文化是以工具箱的形式出现的，包括礼仪、方法、习惯、风格、时尚、技巧、能力与实例等（Swidler，1986）。强调文化工具箱取向的框架建构论将文化视为建构集体行动意义的策略或工具，此时，文化是流动的、变动不居的，在行动者可支配的范畴之内。以韦伯（Weber，1958）、涂尔干（Durkheim，1961）和帕森斯（Parsons，1937）为代表的文化社会学家，将文化理解为特定人群共享的观念和价值系统，这种观念和价值系统定义了行动者的目标和达到目标的相应手段，且价值作为一种规范对个人行动具有支配性力量。此时，文化作为一种规范系统，它强调的是相对稳定的、为大多数人共享的观念系统，包括价值、道德、伦理等规范性文化传统。作为规范系统的文化对集体行动的影响并不是通过直接指引行动的方向和目标实现的，它更多地是为集体行动动员提供一种结构性限制。正是这种结构性限制使得群体成员在文化工具箱这一层面被动员起来，通过对文化工具箱中各种文化要素的理解与利用，结构性限制被忽略，完成了对集体行动的动员。简而言之，集体行动的形成是作为规范系统的文化与作为工具箱的文化的互动产物（魏海涛，2019）。

综合韦伯（Max Weber）思路下作为规范系统的文化与安（Swidler Ann）思路下作为工具箱的文化，魏海涛（2019）提出文化与集体行动形成之间的四个机制：

其一，结构性匹配机制。它指作为规范系统的文化与拟发动的集体行动的动员目标之间的匹配程度。结构性匹配机制衡量的是动员对象的共享价值、观念和道德与拟建立的集体行动框架之间的契合性。事实上，由于强调变革的集体行动与连贯、稳定的主流文化系统之间的矛盾，在很多集体行动的案例中，特定人群共享的价值规范系统往往与集体行动的动员目标难以匹配，这会构成集体行动形成过程中的结构性障碍。

其二，文化交互机制。它是微观层次的互动，当作为规范系统的文化成为一种结构性障碍时，文化工具箱就会被动员起来。文化交互机制强调的是行动者对文化工具箱的策略性使用，此时的文化工具箱是经过规范系统调整的，如果行动者突破这一范围限制，往往难以取得理想的动员效果。如何绕过这种文化的结构性限制也成为集体行动框架建构的关键。

其三，情境机制。文化工具箱的使用受制度情境的影响，包括政治机会结构、社会组织和社会关系网络等。不同的制度情境提供的策略创造空间是不同的。情境机制对文化动员策略的塑造来源于集体行动不是一种孤立的社会行动，它是在与其他利益主体（国家、社会团体、普通大众）的互动过程中形成的。如何最大限度地将旁观者变成支持者并击溃运动的反对者（Snow，2004），成为在集体行动框架建构过程中须考虑的因素。

其四，文化动员机制。它是实现集体行动动员的最后一步，强调的是集体行动组织者如何将各种文化符号要素实质化为有效资源的过程。文化动员机制反映的是文化动员策略的操演和实践化过程，一般体现为特定的集体行动框架的提出，并以口号、计划、纲领等方式在动员对象之中传播，达成迅速、有效的动员效果。

文化与集体行动的契合

如何克服集体行动中的"搭便车"行为、个人机会主义诱惑问题，一直是学界关注和努力求解的问题。现有的针对集体行动困境的解释性政策方案主要有以下四种：

其一，利维坦式强制执行。利维坦是霍布斯（Thomas Hobbes）提出的解决集体行动困境的经典方案，强调强制的第三方的监督执行。该方案主张每个人通过签订契约的方法将自我管理的权力让渡给第三方（国家），成为它的臣民，服从它；第三方则以武力等暴力机器为后盾，通过强制监督执行的方式行使共同权力，为大家提供公共安全秩序。这种共同权力是一种绝对的、不受制约的权力，它迫使人们必须服从公权力的强制统治。第三方公正的执行本身就是一个公共品，什么样的权力能够保证权力履行自己的义务（Ostrom, 1990）？

其二，产权私有化。它主张对公共资源建立全面的私有产权，以终止公共财产制度。该方案"忽视了一个事实——在一个动态环境中，是以可持续的方式管理草地还是迅速毁掉草地的决策将取决于私人所有者使用的贴现率。贴现率高，私人所有者会像一系列未经组织的共同所有者那样，尽可能地'过度使用'公共资源"（Ostrom, 1990, p.16）。

其三，新制度主义自主组织与治理。该方案认为，导致集体行动成败的核心因素是制度本身是否有效，它主张公共事务的治理可以取道社会自治,即社区居民(资源使用者)自主治理。但这些有助于克服集体行动困境的正式制度为什么能够产生,以及它们是如何产生的,仍是一个悬而未决的关键问题。

其四,社会资本。这种方案指出,影响制度绩效、解决集体行动困境的要素是社区的社会资本存量,社会资本"指社会组织的特征,诸如信任、规范以及网络,它们能够通过促进合作行为来提高社会的效率"(Putnam,Leonardi,& Nanetti,1993,p.195),包括信任、互惠的规范和公民参与网络这三个方面。

上述西方集体行动理论在解释中国农村公共事务治理时,无法回答那些没有利维坦,没有产权私有化,社会资本又匮乏甚至缺失的公共事务治理,如何得以治理成功。谢冰梅(2018)以广西G市谢村为个案,采用参与式观察法和深入访谈法对其公共事务治理情况作质性研究,结果发现,谢村内公共事务治理的成功源于其治理方式与当地居民文化的契合。该研究展示了对于非政治性集体行动,行动框架和目标群体文化的契合性对行动有效性的积极作用。

文化对集体行动过程的影响

在过去的30年里,研究者认识到文化对集体行动形成和成果的重要性,集体行动研究发生了巨大的变化,重新发现了一些微观层面的文化机制,这些机制丰富了我们对抗议和社会运动的理解。文化视角已经渗透到社会运动领域的每一个理论和实证研究的角落。在此过程中,它为许多主题打开了理论之门,这些主题包括集体身份、性别角色、情绪—认知过程、决策策略等,尽管有些主题一开始并不像文化主题。

集体身份

集体身份在群体行动中占据核心位置。前文对社会认同在集体行动中的作用作了详细的分析，这里将从文化的角度深入分析它是如何在集体身份中展现和表达的。

阶级和国家身份的交互影响构成了 19 世纪和 20 世纪工业世界政治冲突的焦点。有学者甚至将集体身份视为所有社会运动的核心议题和主要目的（Melucci，1996）。集体身份也被用来解释民族冲突（Coleman & Lowe，2007）、劳动力市场策略（Wimmer，2013）和选举竞争（Beltrán，2010）。当集体身份代表了自我的一个重要部分时，这种集体身份可以指导思想和行为，例如，此时人们可能更关心群体的不公平，而不是个人的不公平（Tajfel，1981）。

群体身份会产生群体情绪。群体情绪不光体现在群体成员对外部世界的情绪反应中[即共享情绪（shared emotion），如对动物的怜悯和对核武器的仇恨]，还体现在对群体内部成员的情绪反应中（即互惠情绪，如对内群体成员的喜爱），两者相互影响：互惠情绪通常是共享情绪的背景情绪，例如，当我们信任群体领导者对突发事件的解释时，我们更容易形成共享情绪；即使是消极的共享情绪，哪怕是群体成员共同经历了诸如受威胁、被捕和入狱等不愉快的事件，也能提高对群体成员的积极感受。虽然对内群体的积极情绪和对外群体的消极情绪都能产生强大的行动力，但消极的情绪—认知过程比积极的情绪—认知过程更能吸引人们的注意力。举个例子，研究发现，对外群体的消极情绪比对内群体的积极情绪能更有力地预测集体行动的参与意愿（Becker, Tausch, & Wagner, 2011）。

当前，学术界对人们如何定义集体身份还没有达成共识。工薪阶层如何将自己和富人区分开？专家如何将自己和骗子区分开？人们如何对自己归类？对这一系列问题的解释还没有形成一致意见。以拉蒙（Michèle Lamont）为代表的社会学家考察了定义社会身份的符号和社会边界（Lamont, 1992, 2000）。虽然这些研究相对来说更强调认知而非情绪过程，但研究者已经发现了一系列社会运动追求的边界建构机制（Lamont et al., 2016）。

学术界对于集体身份产生的互动心理机制的了解也不充分。最早是涂尔干，而后是柯林斯（Collins, 2001, 2004），他们都强调基于共同的关注和意图而产生的集体兴奋情绪带给个体的力量感。组织者运用涂尔干描述的集体沸腾（collective effervescence），如舞蹈、合唱和共同关注，来强化各种集体身份（Paez, Rime, Basabe, Wlodarczyk, & Zumeta, 2015）。情绪在此过程中起核心作用，包括对同伴的爱、对敌人的恨，以及在群众集会中的喜悦、信任、尊重和骄傲等。

与理性选择理论的个人主义不同，集体身份塑造了个体的目标以及对优势和劣势的看法。人们更关心对所属群体的不公而非对自己的不公。越来越多的研究发现，群体愤怒通过提升群体成员对群体劣势的评估而增强动员效果（van Zomeren, Spears, Fischer, & Leach, 2004）。

性别角色

20世纪70年代兴起的性别研究浪潮对我们理解文化有重要作

用，并为文化研究如何打开研究新领域提供了良好示范。从女权主义者到后来的性少数群体研究者，他们展示了人们如何建构个人和集体身份，如何使用二元对立观诋毁对方的观点，以及人们如何积极但无意识地将个人需求建构为集体需求。由于性别与阶层的运作方式不同，同时由于男性和女性通常并不是截然不同的群体，因此，导致性别压迫的机制更可能被视为是文化和心理的，仅摒弃部分基于资源的不平等。

女性运动甚至在内部冲突中都产生了文化反思。在美国，有色人种的女性批评女权主义领袖的虚假普世主义，因为对她们来说，"女性话题"疑似仅为中年白人女性的话题。自由主义女权主义者，如弗洛丹（Betty Friedan），积极反对性少数群体在女性运动中起重要作用，而女同性恋者回报以形成她们所属群体自己的运动。有关性，特别是色情的争论，进一步加剧了对"女性"的文化建构的分歧。

性少数群体运动为我们理解20世纪90年代的集体身份提供了真实的实验场。"艾滋病解放力量联盟"（AIDS Coalition to Unleash Power）是艾滋病激进主义者建立的一个旨在积极维护艾滋病患者利益的组织，曾是性少数群体运动的核心组织；随后，男同性恋激进分子开始为呈现给公众"正确"的形象而斗争（Bernstein，1997；Gamson，1997）；"酷儿"（Queer）这个标签挑战了男同性恋和女同性恋为自身创立的集体身份，酷儿理论也解构了所有的身份，认为任何身份都处于压迫性的主体地位，都是虚构的、不合理的。

在过去的十多年里，跨性别（transgender）运动已经走在了思考文化、认同和抗议的前沿。虽然这些运动总是被视为性别建构的范例，但它们现在积极提高了跨性别者的正面形象。

在上述所有例子中，情绪和身体的建构一直是核心议题：女权主义者必须打破情绪表达的性别规范来表现她们对性别压迫的愤怒和不满，为产后抑郁去污名化，或者将她们自己定位为性别歧视的幸存者而不是单纯的受害者；男同性恋和女同性恋必须保留其对尊重的渴求，来为艾滋病的研究与治疗提供空间。任何类型的性别都通过我们的身体来表现，正如我们通过我们的身体表达对我们身份的骄傲，这种表现有助于我们理解文化意义的丰富躯体化及其对他人的说服力量。

情绪—认知过程

情绪和认知相互影响，而非相互对立或独立。情绪和认知都是文化的一部分，受个体生平经历、期望以及与他人的互动经历的影响。文化塑造了能诱发情绪或认知的因素、我们向他人表达的方式以及我们理解这些过程的方式。我们作为一个社会功能正常的成人，才能知道自己为什么会产生某种情绪，以及在特定的社会情境中表达哪种情绪是恰当的。

情绪—认知过程有助于推进对群体过程的理解。传统的建构主义视角轻视群体，并将群体视为非理性的（乌合之众）。即使建构主义注意到群体，也是采取行为主义的方式，关注身体的聚集、动作的同步性（如正步走）等，而忽视了群体的情绪和感受。群体能通过情绪感染以及情绪规范等过程塑造情绪。与传统的关注情绪失范的视角不同，有研究者发现，群体聚集经历强化了群体认同，特别是之前认同感低的个体的群体认同，提高了人们对支持的预期，进而提高了人们对集体行动的兴趣（van Zomeren & Spears, 2011; Neville & Reicher, 2011）。

需要注意的是，情绪并非单一性质的。例如，需要区分反射性情绪（如喜悦、惊讶），影响行动能量的情绪（如愤怒、恐惧），对群体、区域、观念的情感承诺（如信任、爱、恨、尊重），以及道德情绪（如自豪、害羞、正义感）等不同类型的情绪，这些情绪对行为的影响不同，情绪之间还会交互影响。

决策策略

策略是用来实现预定目标的行动。策略不是中立的，它本身具有道德和情绪价值，并且所有决策者都有策略偏好，这些偏好受文化的影响并指导后续的选择（Jasper, 1997）。人们实现目标的方式有很多种——钱、说服、恐吓或权力等。策略使用者和受策略影响的人对这些策略的感受是不同的。

我们可以通过关注决策策略后的情感—认知过程，了解决策者的权衡和面临的困境。除了博弈理论提出的个人—集体困境（即对决策中个人和集体收益的权衡）外，还有很多其他决策困境：涉及道德和实用性冲突的困境，如脏手困境（dirty hands dilemma，即一些目标很容易通过不道德的策略来实现）；涉及同一策略的多个不同结果之间冲突的困境，如搞怪—友善困境（naughty-or-nice dilemma）。所有这些困境都有文化含义。

研究者较少关注集体行动参与者的决策过程，这类研究主要集中在常规讨论，特别是有关民主程序（如达成共识）的讨论中（Maeckelbergh, 2009）。有研究考察了群体如何在其形成的早期建立决策习惯（Blee，2012）。小群体研究显示，个体的某些特质会影响个体在群体中的权威性（Ridgeway，2011），但这些想法没有应用到社会运动的群体中。还有研究应用文化视角分析社会阶层对社会运动群体中决策的影响，考察了一直处于工薪阶层和中产阶级的人、实现阶层提升的人，以及为了政治追求主动放弃优势阶级利益的人的决策风格差异（Leondar-Wright，2014）。在美国，激进主义者很容易谈论种族和性别，但很少谈论阶层，即使他们的阶层起源影响其行事风格和偏好。当今，左倾群体普遍关心正式民主程序，并强调言论的重要性，这种取向来源于中产阶级；而通常，工人阶级对行动的重视胜于对言论的重视，对人际联结的重视胜于对意识形态正确性的重视（Leondar-Wright，2014）。

集体身份展示了文化和策略之间的关系。研究发现，当群体与对立群体互动时，群体内部会出现群体极化，但这种现象仅在群体身份支持激进主义时出现（Van Stekelenburg，2014）。总体来说，相比社会心理学对其他情境中决策的研究或社会运动中其他主题的研究（如动机），社会心理学对社会运动中决策过程的研究要单薄得多，它是未来充满潜力的一个研究方向。

文化视角下的集体行动研究

文化特异性意识形态对土著群体是否支持集体行动的影响

意识形态能够将不公平合法化，进而破坏集体行动。以往有关意识形态和集体行动的研究主要集中在一般性意识形态领域。例如，已有研究在考察社会变革的阻力时，会涉及保守主义（Jost，2006；

Jost & Hunyady，2005）、公正世界信念（Hafer & Olson，1989）和系统合理化（Jost et al.，2012；Osborne, Yogeeswaran, & Sibley，2015）。少有研究关注文化特异性意识形态，即在特定的历史文化情境中发展和形成的信念系统。实际上，一个有很多移民的国家对比一个土著和非土著群体间不平等的国家，霸权主义的话语对不平等的叙述自然不同于前者的叙述。前者可能强调全部群体的国家认同（Hindriks, Verkuyten, & Coenders，2014），而后者可能否认过去的不公正与现在的不公平之间的联系（Sibley, Liu, Duckitt, & Han，2008）。后殖民社会的特征是过去和当前的定居者对土著居民有不公正行为，这些定居者往往是欧洲后裔。由于土著人民比定居者更早到达移民地，他们与这个国家不可否认的联系可能会挑战一种完全以欧洲为基础的民族特征及其对国家资源的相关要求的合法性。因此，后殖民社会通过制造历史否定和象征排斥的互补意识形态来应对这两个对平等主义的挑战（Sibley & Osborne，2016）。历史否定（historical negation）是指否定殖民不公正与当代不平等之间的关系，而象征排斥（symbolic exclusion）是拒绝使用土著文化来代表现代国家身份。

近期有研究者考察了在新西兰的土著毛利人和欧洲人支持毛利人权力的集体行动中，历史否定和象征排斥这两种文化特异性意识形态的作用（Osborne et al.，2015）。纵向问卷调查的结果显示，它们对新西兰的毛利人和欧洲人是否支持集体行动有独立的负向交叉滞后效应，但集体行动支持对历史否定和象征排斥的交叉滞后效应不显著。该研究结果说明，文化特异性意识形态对集体行动的支持的影响是单向的，在集体行动模型中有必要引入文化特异性意识形态。

第三章　时代变迁中的集体行动

自我建构和面子对反性别歧视集体行动的影响

性别歧视包括个人的态度、信仰和行为，以及组织、机构和文化实践，这些文化实践要么反映了基于性别作出的对个体的负面评价，要么支持了男女地位的不平等（Swim & Hyers，1999）。集体行动是对性别歧视最有效的回应之一。研究显示，反对性别歧视的集体行动可以有效减少未来的性别歧视（Hyers，2007），提高女性的自尊和自我效能感（Gervais, Hillard, & Vescio，2010），并减少男性对性别歧视语言的使用（Mallett & Wagner，2011）。

性别歧视存在于不同的文化中，不同文化下女性对性别歧视的反应也存在差异。自我建构（self-construal）和面子（face）是刻画文化差异的重要变量。自我建构分为独立型自我建构和相依型自我建构（Markus & Kitayama，1991）。其中，独立型自我建构强调自我的独特性以及自己目标的表达和实现，在北美和西欧更普遍；而相依型自我建构更强调保持和谐人际关系，主要通过与他人的关系来定义自己，在亚洲、拉丁美洲和南欧更普遍。个体的自我建构类型会影响个体对性别歧视的反应：由于独立型自我建构占主导者强调自我利益和独特性，当他们遭受性别歧视时，更可能挺身而出，以集体行动来回应这种歧视，而不是保持沉默（或采用更间接的冲突管理策略）；相反，相依型自我建构占主导者努力保持人际和谐和被他人接受，避免争吵（Kim, Aune, Hunter, Kim, & Kim，2001），而集体行动很难与维持和谐相结合。因此，个体的相依型自我建构越占主导，其集体行动意愿就越低，对间接的冲突管理策略的偏好就越强。

面子是他人在一个人身上看到的社会价值（Leung & Cohen，

2011）。关注面子的个体会淡化自己的观点、情感和权利的表达（Ting-Toomey & Kurogi, 1998），并调整行为以适应情境规范（Kanagawa, Cross, & Markus, 2001）。在一个强调面子的文化中，人们偏好使用间接策略来管理冲突，如避免冲突以维持关系（Ohbuchi & Atsumi, 2010），或者通过冲突双方都认识的第三方来解决冲突（即斡旋策略）。此时，女性不大可能采取集体行动反对性别歧视，因为站出来为自己说话被认为是不恰当的。

费希尔等人（Fischer, Becker, Kito, & Nayır, 2017）调查了德国、日本和土耳其的女大学生对性别歧视的反应，这三个国家在自我建构水平和面子关注方面存在文化差异——德国是非面子文化且独立型自我建构占主体，日本是面子文化且相依型自我建构占主体，土耳其是非面子文化且独立型自我建构和相依型自我建构总体均衡（Kagitçibasi, 1996）。结果显示：相对于间接的冲突管理策略，德国和土耳其的女大学生更偏好采取集体行动来反对性别歧视，日本的女大学生则与之相反；然而，日本女大学生对反性别歧视的集体行动的渴望仍然存在，这表明她们希望采取行动，但决定不公开对抗，以保持群体和谐。另外，个体独立型自我建构越占主导，越不重视面子，参加反性别歧视的集体行动的意图就越强烈。

语言在土著群体抗争中的作用

几个世纪以来，尽管殖民政府试图消灭北美土著群体的文化和生活方式，但北美土著群体一直抵制殖民统治，为生存、承认和主权而斗争。当前斗争的焦点是能不能在土著居民的土地上开采资源和开发矿物燃料。土著群体正在采取各种集体行动，如在他们的传统领地上设置路障、营地和定居点，直接对抗试图进入他们领土的警察和公司。主流的社会心理学理论关注个体参与集体行动的动机过程，但个体水平的影响因素往往深深扎根于群体的共同文化和社会现实之中，并深受影响。在探讨土著群体的抗争时，土著语言是起关键作用的文化因素。

语言不仅是交际的工具，而且是传播文化与知识的媒介。一种语言的词汇、结构和表达方式都体现了一个民族独特的文化传统、观点和思维方式。事实上，语言可以成为特定群体文化存在的象征（Wright & Taylor，1995）。一些土著群体已经认识到这种深刻的联系，认为"自己的语言代表着过去和未来……具有独特的、不可替代的价值观和精神信仰，使讲者能够与他们的祖先联系起来，参加神圣的仪式"（Task Force on Aboriginal Languages and Cultures，2005，p.22）。由于语言在文化中的中心地位，使用土著语言会助推土著群体参与集体行动的心理过程。

首先，掌握和使用土著语言对于建立和支持土著文化认同有重要作用。例如，土著语言能使土著群体更好地了解自己的传统——许多传统故事、仪式和歌曲都是用土著语言表现的。它为土著群体提供了参与文化活动的途径，强化了土著群体的文化身份。

其次，了解和使用土著语言有助于在群体内形成共识，即关于土著群体在过去和现在遭受不公正待遇的说法是正确的。社会心理学理论指出，弱势群体成员并不总是认为他们较低的地位是不合理的（Jost & Burgess，2000），将群体的地位重新定义为是不公平的，会为对抗性甚至破坏性行动提供一个关键的理由，是走向抗争的要素（Wright，2010）。感知到的不公平、语言使用和反抗之间存在密切关系，"世界各地的土著群体可能会找到理由使用土著语言，以将霸权群体排除在话语之外，同时提醒他们土著群体的合法性"（Fox Tree，2010，p.86）。在现实中，土著语言通常是被贬损和排斥的，而殖民政府的语言（特别是英语）在社会中占主导地位。土著人在同政府谈判、提出土地要求和其他要求时，必须以英文提交文件，格式必须符合以欧洲国家的法律为基础的法律制度。这凸显过去不公正现象的严重性（特别是蓄意破坏和消除语言等重要文化习俗的企图），提高了土著人抗争的意愿。

再次，土著语言为土著人提供了接触有形资源和心理资源的机会，进而促进群体效能信念。土著人利用土著语言获得的资源通常是殖民地的外群体无法获得的，例如，参加和影响内群体的交流和讨论，以获得赋能感与实现能动性，这可能使土著人更加相信，他们的群体具备参与抗争的能力。

最后，了解和使用土著语言可能会降低土著人对群体边界可渗透性的感知。说土著语、接触土著文化会让个体难以想象作为一个非土著人如何生存。由于种族成分和被排斥、被拒绝的共同历史，很多土著人觉得，他们的特定文化群体成员身份是其社会身份的核心成分。由于很多重要的被雇用和接受教育的机会都受外群体成员和殖民政府的控制，很多土著人认为，通过个人流动跨越群体边界对于实现个人成功非常关键。此时，提醒土著人关注土著群体和优势群体之间边界的相对不可渗透性很重要，语言可以成为非常有效的提醒物。

基于观点的群体与格兹公园抗议活动

社会身份研究中关于基于观点的身份的研究成果显示（McGarty，

Bliuc, Thomas, & Bongiorno, 2009; Thomas, McGarty, & Mavor, 2009), 集体行动的参与者不必认同既有的激进主义群体, 基于对特定事件的共同看法就可以形成基于观点的群体身份。土耳其是一个有趣的社会, 一方面, 穆斯林身份是大多数人的身份, 伊斯兰教更加成熟, 并融入政治和社会文化中; 另一方面, 穆斯林群体内部是多样化的。通常来说, 研究者认为, 对穆斯林的宗教认同与民主支持(如言论自由、非权威主义和对少数群体的积极态度)具有负相关(Verkuyten & Slooter, 2008), 但同一宗教身份的政治意义有赖于与其存在交集的其他群体身份。对穆斯林的宗教认同和基于观点的群体身份如何共同影响人们的政治态度(特别是民主支持)? 2013年的伊斯坦布尔格兹公园抗议活动为考察这一问题提供了天然的实验场。

实际上, 相同宗教身份的政治含义取决于它与不同群体身份的交叉(Deaux, 2001)。大多数关于交叉性的研究都涉及种族和性别的交叉, 显示了相同的性别认同对于不同的种族或民族群体有不同的含义(Deaux, 2001)。在格兹公园抗议活动中, 相同的穆斯林身份在不同群体中可能具有不同的政治意义。对超过 3 000 名格兹公园抗议活动参与者的调查显示, 参与者大多是城市人和受过教育的年轻人, 54% 的人之前没有参与过抗议活动, 70%—80% 的人没有明显的政治党派倾向(Bilgiç & Kafkaslı, 2013; KONDA Research & Consultancy, 2013)。与占领运动(occupy movement)等大型抗议类似, 格兹公园抗议活动也是自下而上的社会运动(Milkman, 2014), 吸引了广大民众借此对自己关心的民生、自由和价值观等问题发声, 连一些传统上不关心政治的青年人也参与其中(Farro &

Demirhisar，2014）。

最近，研究者聚焦格兹公园抗议活动，考察了参与抗议的基于观点的群体的特征，以及宗教认同和基于观点的群体身份的交叉对民主态度的预测作用（Baysu & Phalet，2017）。首先，研究者认为，群体身份可能在参与行动之后形成，即参与者通过参与格兹公园抗议活动产生了多元的、基于观点的群体，这些群体在特定的热点问题上（如环保、女性权利和世俗化）观点一致。研究者通过自下而上的潜类别分析方法（latent class analysis），分析了参与者的共同关注（即人们为什么参与抗争）和抗争中的线上或线下的互动（即如何参与抗争）之间的关系，得出了四种不同的基于观点的群体：保守派、温和派、世俗派和自由派。这些群体在政治关注点、抗议中采取的行动形式、对民主的支持以及作为穆斯林的身份认同等方面存在系统性差异。例如，世俗派和自由派虽然都关心环境、民主和女性权利，但两者在少数派权利与宗教、种族威胁方面存在差异；另外，自由派偏好街头抗议，而世俗派偏好间接行动（如快闪）。温和派可以看作保守的世俗派，因为他们的政治关注和行动类型与世俗派和保守派存在重合之处。保守派的政治关注点局限于那些由抗议直接产生的议题（如警察暴力执法和独裁主义政府的态度），他们参与抗议仅限于线上。

除此之外，研究者还考察了参与者的穆斯林认同感和基于观点的群体身份如何共同影响对民主的态度。结果发现，穆斯林认同感和对民主的态度的关系，有赖于群体成员的身份——对自由派和世俗派而言，不论他们对穆斯林的认同感是强还是弱，他们都支持民主；对保守派和温和派而言，随着宗教认同的增强，他们对民主的支持度开始降低。这些研究结果表明，穆斯林身份并不是单一的身份，它对民主的态度有不同的影响；穆斯林身份及其与民主参与的关系具有文化嵌套性。

接下来，我们会提供一个更广阔的画面，展示集体行动领域的活力、国际性和多样性。如何将文化融入集体行动的研究中，是值得研究者继续深入思考的问题，也可能是集体行动研究实现变革的一个潜在突破口。

快速社会变化与集体行动

沸腾的社会

沸腾使水从液态变成蒸汽，这个物理世界中的变化被称为"相变"（phase transition）。在我们生活的现实世界中，也存在类似相变的快速社会变化（Kelso，1994），即在相对较短的时间内发生的社会和心理现象的质的转变。快速社会变化改变了普遍的社会状态（Smith，Livingstone，& Thomas，2019），它每时每刻都在发生。一些国家和地区正在经历毁灭性斗争，一些国家出现了大规模的反政府抗议活动，即使是"稳定"的西方民主国家，也难以抵抗快速社会变化带来的剧变，如英国退欧公投动摇了英国社会的稳定性。自然灾害和技术创新也会引发社会心理转变（Holloway，2010），如印尼海啸、智利大地震、卡特里娜飓风、正在肆虐全球的新冠肺炎疫情以及互联网技术的发展（特别是社交网络平台的广泛应用）等。造成这些动荡的主要原因包括国家经济衰退、政府贪污腐败、政治体制僵化等。与以往社会运动不同的是，在现在的运动中，移动通信技术和互联网社交媒体扮演了十分重要的角色。这些事件提醒着人们，社会变化比想象中的更频繁和剧烈。

社会环境的变化对个人甚至整个世界都会产生影响，在社会变化的交叉口上，每个人都将面临新的选择（Tajfel，1972）。为了应对恶劣的社会环境，群众自发组成有组织的团体，共同维护某一群体的利益，这又推动了社会的快速变迁。社会心理学在解释人们为什么参与和社会变化相关的行为方面取得了瞩目的进展，如群体间冲突、不平等的群际关系、灾难后恢复以及集体行动等。了解这些社会层面的事件如何与个体心理过程相关联，从而引发突然的、非线性递增的社会变化对社会治理来说至关重要。

涌现的气泡——社会变化中身份的形成

社会身份的塑造

2010年，智利发生8.8级大地震，据法新社报道的官方统计数据，截至2010年3月3日，这场灾难夺去了802人的生命。毫无疑问，它影响了无数智利人。有一张照片让人印象深刻：在一片曾被淹没的废墟中，一个衣衫褴褛的人站在一堆垃圾中，坚定地举起了智利国旗。他的姿态充分揭示了一个我们通常会忽略的事实：灾难对个体社会身份的塑造。

很少有事件能像重大灾难那样体现出如此剧烈的社会变化，它不仅会给个人带来心灵的创伤，也会破坏稳定的社会结构。经历自然灾害会引发人们共同的身份认同，从而培育个体帮助受灾群体成员的意愿（Drury，Brown，Gonzalez，& Miranda，2016）。例如，毁坏的建筑物等图像增加了人们对威胁的感知，导致他们更强烈地支持自己所属的社会群体（Vail, Arndt, Motyl, & Pyszczynski, 2012）。德鲁里及其同事（Drury et al., 2016）通过对2010年智利地震的分析，发现了新的社会身份（即与幸存者共同的身份认同）在人们为幸存者提供的社会支持中所发挥的作用——分享在地震中幸存下来的共同经历似乎触发了人们对新的社会身份的塑造。同样，梅基等人（Maki et al., 2019）利用智利地震前后获得的研究数据，比较了地震前后人们的身份认同、价值观和助人行为。结果发现，与地震前相比，地震后接受调查的人更强烈地认同他们的智利国民身份，有更强的助人动机，也更多地投入与地震直接相关的亲社会活动。

社会身份的重构

当然，社会变化不仅会塑造个体的社会身份，也会让个体重新定义其已有的政治身份。国家选举通常会引发国家和全球范围内的迅速变化。例如，英国在1979年选举保守党为执政党后，其领导人迅速实施了存在争议的新经济政策，这些政策对英国经济产生了立竿见影的负面影响，如通货膨胀降低、失业率增加和经济衰退（Elliott, 2013）；在青年民主主义者联盟被投票成为匈牙利执政党后不久，新总统宣布并实施了对匈牙利宪法的重大修改，这项举措无疑改变了匈牙利社会（Lendvai, 2017）。选举结果除了可以改变国家的政治进程，也可能影响个体的政治认同。民主选举产生的政治领袖，其成功当选证明民众选择谁作为他们的代表。新当选的领导人可以推动政策变革，但如果试图颠覆传统，与前任领导人的表现大相径庭，也会影响民众对自身社会和政治身份的定义。

特朗普当选美国总统就是这样一个例子。起初，当这位从未有过从政经验的纽约地产商人正式宣布参选 2016 年的美国总统大选时，他被普遍认为不过是一个"陪跑员"，自主募资、政治主张不明的特朗普与一般人心中的"美国总统"相去甚远。在 8 个月后的共和党初选大战中，特朗普却一骑绝尘——在自己政党中的支持率高达 90%。此外，至少在共和党人中，人们对俄罗斯的态度随之转变——在 2014 年，22% 的共和党人认为俄罗斯是美国的盟友，到了 2018 年，有 40% 的共和党人将俄罗斯视为盟友（Gallup，2018）。

典型群体成员是群体中规范态度和行为的参照点，会在群体中发挥独特的影响力（Gaffney & Hogg，2017），例如能够有效地改变和重构群体规范。加夫尼等人（Gaffney, Sherburne, Hackett, Rast, & Hohman, 2019）的研究考察了 2016 年特朗普当选美国总统前后美国民众的社会心理变化，结果显示：与选举前相比，共和党人退党的意愿下降；特朗普被视为更典型的代表性领袖，这一效应增强了群体成员对该党的承诺。调查结果表明，特朗普的当选改变了共和党人对什么是适当的和可能的社会行为的认识，重构了共和党人的政治身份。

旧身份的保留

随着社会变化的发展进程，新的社会身份不断涌现，原有的身份或者观念就会完全消失吗？答案是否定的。快速的社会变化会创造或者重构新的身份或"存在方式"，但这并不意味着旧身份就此消亡，处于快速变化中的社会具有与新旧对应的双重现实的特征。缓慢、渐进的社会变化涉及大多数社会成员从一种态度或规范慢慢向另一种态度或规范的演变过程；与之相反，快速的社会变化以突然、非线性的

第三章 时代变迁中的集体行动

方式发生，出现了倡导新态度或规范的团体。随着新的态度或规范广泛流行，这些团体不断壮大，并最终相互连接。在这个过程中，旧身份的支持者被限制在很小的范围内。在快速的社会变化中，两种不同的现实——新的和旧的——共存，只是在社会空间中处于不同的位置。就像前文我们提到的，快速的社会变化类似物理世界中的相变，就像水在达到沸点时会变成蒸汽，此时，蒸汽（气体）的气泡出现在水（液体）中，转变的特征是两种状态——气体和液体——共存。同样，在我们的社会中，随着"新气泡"持续出现和增长，社会也发生了快速变化。如果只跟踪热点公众舆论，就会忽略社会变化的真正本质。

  动态的社会变化揭示了少数观念如何在社会中保留下来。例如，在国家安全受到威胁的情况下，人们会倾向于构建强有力的军事力量，但在和平时期，这种倾向可能会截然相反。人们的偏好导致了观点的偏向性，这种偏向性是在特定社会环境中所有因素综合作用的结果，使得在某一特定条件下一种态度比对立态度更有吸引力或更有可能被采纳，而人们的自身利益是导致偏向性的一个重要因素（Eagly & Chaikan，1998）。尽管人们最初可能被新的观念吸引，但一旦新奇感随着时间推移而消退，或者经历了（或感知到）负面后果，担忧就会使新观念的传播受限。例如，一个人可能会因为收益（如收入增加）而接受新的政策（如减税），但如果后来他发现该政策会带来意想不到的负面后果（如丧失某些社会福利），他又会抗议新政策的实施，这种情况可能就是近年来民粹主义运动兴起的基础。这表明，社会不是静态的、一成不变的，而是一个不断发展的开放系统，且这种动态发展不一定是单向的。如果偏向性有所改变，此时占据主流的观点会被逐渐边缘化,而昔日边缘化的想法或政策会突然成为社会的主流观点。

与此一致,诺瓦克和瓦拉彻（Nowak & Vallacher, 2019）的研究表明,即使一个社会或群体经历了状态变化,旧的身份或观点仍然存在。然后,某些具有偏向性的政治和经济条件会再次使这些观点得以传播、结合并成为主流（社会规范）。诺瓦克和瓦拉彻的模型解释了（旧）观点的生存、突然复苏和重新普及。例如,第二次世界大战结束后,许多人认为,至少在西方国家已经出现一个新的世界秩序,这将导致持久的和平与民主。但近年来,在这些国家,极端民族主义、民粹主义、种族优劣主义等思潮死灰复燃,最突出的地区就是过去曾产生过这种观念的地区。可见,虽然这些"旧观点"被削弱了,但从未完全消失。

过滤的气泡——走向极端的集群

集群（clusters）的形成是社会变化过程的一个基本结果,但快速社会变化中出现的集群是一把双刃剑。

一方面,集群的形成有利于观念的碰撞和迸发。共享的价值观、信仰或者社会规范有利于社会和谐和集体行动,但异议和相反的观点也能够帮助纠正错误的集体决定、适应不断变化的环境以及引入新的思维和行动模式（Crano, 2012; Janis, 1972; Johnson, 2010; Moscovici & Nemeth, 1974）;另一方面,集群会加剧社会的分裂和不信任。特别是随着智能手机和App（如脸书和微博）的出现,人们能够更自由地选择他们的社交关系,就更可能忽略与自己持不同意见的人，只接触那些在社交动态中分享与自己有相同信仰、态度和价值观的人。人们可能觉得没有必要尊重不同的观点或意见，更不用说包容这种差异。当人们不再认为有必要打造共同的现实时，争端和冲突就可能由此产生（Vallacher, Coleman, Nowak, & Bui-Wrosinska, 2010）。

早在2009年，加勒特（Garrett, 2009）就发现，在政治领域，互联网用户更喜欢关注那些证实他们的政治倾向正确的信息，这类发现建基于对电视等传统大众媒体的影响的早期研究（Vallone, Ross, & Lepper, 1985）。巴克希等人（Bakshy, Messing, & Adamic, 2015）基于对1 010万美国脸书用户的数据分析发现，人们偏好同质化的信息是导致网络信息过滤的主要原因。也就是说，这些用户认为自己是政治自由主义者、温和主义者或保守主义者，他们在脸书上的朋友的政治倾向也大多与其相似。脸书上的内容来源于好友分享的动态，这些同质化好友的信息已经导致个体的信息选择严重偏向于确认其某种意识形态。只要用户的朋友网络中存在些许异质性内容，用户就会接触到不同的观点；但如果这些不同的观点只能在那些热衷分享政治观点的亲密朋友的线下交流中获得，就会意味着这些用户完全无法接触到不同的信息。

随着互联网技术的不断发展，集群的形成逐渐走向了极端。为了对此作出更清晰的解释，格施克等人（Geschke, Lorenz, & Holtz, 2019）使用基于代理的建模建立了"三重过滤气泡"模型框架（triple-filter-bubble model）。

首先是个人层面的"过滤气泡"。无论是为了确认已有态度，验证个体的观点，避免认知失调，还是为了提升社会认同，个体的认知动机过程激励他去寻找和添加合适的信息，忽略或否认冲突的信息。类似效应在"确认偏差"（confirmation bias）的研究中也得到了印证（Jonas, Schulz-Hardt, Frey, & Thelen, 2001; Knobloch-Westerwick, Mothes, & Polavin, 2020）。在这些情况下，"过滤"指由于个人的信息搜索、处理和记忆而产生的选择性暴露。不可否认的是，好奇心可能会激发个体至少在某种程度上加工一些新奇和令人惊讶的信息（Loewenstein, 1994）。

其次是社会层面的"过滤气泡"。人们倾向于建立的人际社会网络一般指向与自己有共同的"社会人口统计学特征、行为和内在特征"的人（McPherson, Smith-Lovin, & Cook, 2001）。在社交媒体的社区中也是如此，自我分类的过程（Turner, Hogg, Oakes, Reicher, & Wetherell, 1987）有助于形成具有共同社会身份的社区（Ridings & Gefen, 2004）。此外，社交媒体也允许用户解除与自己在某一话题上持不同观点者的好友关系（John & Dvir-Gvirsman, 2015）。尤其是在社交媒体时代，信息经常通过这种在线网络传递（Bakshy, Rosenn, Marlow, & Adamic, 2012），同质化的社会网络可能会限制社交媒体用户接触的信息的广度，社会同质性可能是促成"过滤气泡"和"回声室效应"（echo chambers）出现的一个强有力的因素，从而导致群体极化（Sunstein, 2018; Vinokur & Burnstein, 1978）。

最后一个层面的过滤器是技术层面的算法运作。为了抢占用户的注意力，在线媒体供应商，如各类搜索引擎或脸书，根据单个用户的假定需求来过滤向其提供的信息，努力促使该用户在其网站或 App 上花费的时间最多，使广告利润最大化。这些公司使用不同的算法，向不同的用户提供个性化推荐信息，自动过滤的算法导致提供给个人的信息种类减少，个人认知上可获得的和差异化的观点的范围因而缩小，出现更小的"过滤气泡"。格施克等人的模拟结果表明，不同的过滤器以不同的方式相互作用，影响个人建构和社会建构。有趣的是，现实中的朋友圈最初并不是基于共同的态度，但它们对态度聚类没有任何实质影响，人们最终会与社交网络中的许多甚至大多数朋友处于不同的"回声室"中。也就是说，个体听到的意见相近的声音因过滤而不断重复。有了重组，聚集成"回声室"的速度就加快了。

个人、社会、技术三个层面上的"过滤气泡"会影响我们认知上可获得的信息的多样性和丰富性。更重要的是，这种影响不是随机的，而是系统性的：当信息符合个体特征所决定的个体需求时，信息更可能被需要、传递或感知。缺乏社会共识加剧了社会的分裂，日益激进的网络意识形态团体可能会在某个时候通过现实生活中的暴力和恐怖主义途径来实现它们的目标（Holtz, Wagner, & Sartawi, 2015; Weiman, 2006）。

"嘭"——爆发

现代技术的趋势是不可阻挡的：数字技术彻底颠覆了人们的生活方式，人们喜欢在社交平台上发表自己的观点和看法，而科技巨头通过推荐算法最大限度地延长了用户停留在网站上的时间。在个人层面，这些过程可能会使一个人现有的态度、行为和身份得到确证和强化；在社会层面，这些过程容易增加群际和人际之间的态度差异，切断人们之间的沟通与联系，导致集群形成、社会分裂和两极分化。

可以看出，集体行动不再局限于现实生活，虚拟网络也成为人们参与集体行动的战场。除了具有"过滤性"这一特征，网络的开放性和匿名性等特征降低了人们宣泄情感和参与行动的成本。有学者指出，在这种低成本的沟通和参与环境中，集群行为的"搭便车"困境会被弱化，甚至最终消失（Bimber, Flanagin, & Stohl, 2005; Earl, Kimport, Prieto, Rush, & Reynoso, 2010）。

除了网络技术赋予集体行动的新特征，网络集体行动从本质上说其实是现实集体行动的延续，特别是涉及个人利益的维权行为，大多体现出基于物质利益诉求、寻求舆论支持和试图影响政府决策的动机特征。所谓不满，就是对社会快速变化过程中新颁布的政策或者权威处理社会问题的方式的愤怒（Klandermans, 1997）。根据来源不同，可将不满分为三种类型：基于不合理经历的不公平感、基于突发遭遇的怨愤以及由违背原则的事件引发的道德义愤。不同类型的不满对集体行动的参与的影响并不相同（Klandermans & Van Stekelenburg, 2013）。一般情况下，不满要转化为具体的动机才能驱动人们的参与行为，包括工具性动机、社会认同动机和意识形态动机。工具性动机是指人们希望通过参与行动改变不利的处境，或者能够对社会环境产生影响；社会认同动机是指人们参与行动主要是为了表达对某群体的认同，希望有机会以群体成员的身份行动；意识形态动机强调集体行动的创造性特征和文化内涵（Jasper, Goodwin, & Polletta, 2001），一些参与者希望通过集体行动表达自己的观点和感受，获得存在的意义和尊严感（Klandermans, 2004）。

除此之外，克兰德曼斯和范斯特克伦堡（Klandermans & Van

Stekelenburg，2013）还强调了情绪在集体行动中的作用，并将情绪比喻成放大器和加速器，即情绪不仅能够提升动机，还能促进参与动机更快地转变为实际行为（Van Stekelenburg & Klandermans，2017）。动机和情绪的复杂交互作用是促使集体行动爆发的重要因素之一，而一个特定水平的动机能否转变为实际行动还取决于外部环境和条件的供给（Klandermans & Van Stekelenburg，2013）。所谓"供给"主要指有利于行动的条件，特别是外部的社会政治环境以及行动组织具备的资源和特征条件。换句话说，一个特定的集群行为想要吸引足够多的人参与，就要具备一定的条件以满足人们的某种需求，对潜在参与者的需求满足得越多，就越能够得到目标人群的支持。社交网络还提供了广泛的信息沟通渠道，这不但决定着特定的集群行为所能触及的人群范围，也决定着信息传播和情绪渲染的效果。

互联网和移动手机等新媒体技术的发展带来的不仅是传播范围的扩大和传播效率的提高，而且滋生了新的关系网络和集体行动模式，使得结构松散的非正式组织逐渐取代了传统的正式组织，集体行动本身也由群体性行动转变为聚合的个体行动（Roggeband & Duyvendak，2013）。

不会终结？

快速社会变迁无时无刻不在影响着我们。即使是在相对稳定的社会中，人们也不能回避那些引发社会态度震荡的事件（Forgas，Kelemen，& Laszlo，2015）。近年来，世界范围内的社会、政治和技术变革都在不断加速，与之伴随的集体行动也发生了巨大的变化。现代技术赋予集体行动强大的助推力，将集体行动置于快速社会变化的大背景之下加以审视，结合具体的社会事件分析，可以看出：快速社会变化通过影响人们的社会身份，加剧社会分裂、两极分化，从而促进了集体行动的产生；反过来，集体行动的爆发也促进了社会变革。

在快速社会变化的基础上，德拉萨布洛尼埃等人（de la Sablonnière, Lina, & Cardenas, 2019）进一步提出"剧烈社会变化"（dramatic social change）的概念，还清晰界定了它的三个特征：迅速；以群体的社会和规范结构破裂为特征；涉及对群体文化身份的威胁。这一定义强调了社会变化与个体之间的相互影响，也不同于传统社会心理学理论将社会情境视为一个稳定的实体，而是认为社会并不总是处于稳定的状态，它不断地从一种状态转变为另一种状态。这也提示我们，在关注集体行动的时候，应当考虑社会变化的动态趋势与集体行动动态过程的交融，观察个体与个体之间如何汇聚在一个共同观点之下，努力促进共同的目标，同时保持灵活性以适应不断变化的环境，在这些社会变化动态之间找到并保持最佳平衡。这一切给通过民主对话解决冲突的现代国家带来了挑战。面对这样的社会现实，能够做什么呢？

一般来说，有一些较为可行的解决方法：首先，在个人层面，应当了解"三重过滤气泡"模型的相关知识，以更加包容和开放的心态去对待不同的声音，愿意倾听他人的意见并积极参与讨论；其次，在社会层面，可以在社交媒体上建立促进良性讨论和达成共识的替代机制；最后，在技术层面上，可以增加推荐系统的意外发现功能

（Zhang, Seaghdha, Quercia, & Jambor, 2012），建立审查制度，加大审核力度，监管互联网中的虚假新闻。如何有效应对快速社会变化下的集体行动，是当今社会一项极具挑战的重任。

互联网时代中国社会的集体行动

随着互联网的普及和社交媒体等新应用的快速发展，以及大众对社会问题关注度的持续提高，各类网络集体行动逐渐走入人们的社会生活（Ashley & Xiao, 2008）。纷繁复杂的网络集体行动在传递社会正能量的同时，也可能构成影响社会和谐发展的潜在挑战。如何科学、合理地辨别各类网络集体行动？如何剖析热点事件背后的大众心理？如何揭示影响网络集体行动发生和发展的基本条件？这些问题已成为不同领域研究者共同关注的焦点。但以往研究多是特定视角下的单一问题探讨（Qiu, Lin, Chiu, & Liu, 2014; Zheng & Wu, 2005；杜骏飞，2009；乐国安，薛婷，陈浩，2010；乐国安，薛婷，2011），少有研究能够围绕网络集体行动的核心问题之一——参与网民的社会心理机制，来对上述问题进行综合分析。为全面捕捉中国网络集体行动的本质和全貌，我们尝试在整合中国网络集体行动相关研究成果的基础上，从网络事件触及的不公平感、突发遭遇引发的威胁感或违背道义导致的义愤感等不满情绪出发，对中国网络集体行动进行再分类，以揭示其深层的社会心理基础；从不同社会心理动机角度揭示中国网络集体行动的理性兼具感性的特征；从社会背景、网络场域和自组织结构等供给方面，解析以自组织为主要形态的中国网络集体行动形成的客观原因和条件。

在深入分析中国网络集体行动的特征和机制之前，有必要先明确网络集体行动的内涵和外延，以解决长期存在的概念混淆现象。学者们大多将网络看成现实世界的延伸，并尝试参照现实情境中的群体性行动来解释网络情境下的群体现象。例如，邱林及其合作者（2014）根据波普诺的集体行动定义（波普诺，2007），将网络集体行动界定为网民对特定社会事件的集体反应，以使事件朝向其期望的方向发展。这类网络集体行动不一定具有高度的组织性和明确的价值理念，那些毫无关联的网民对某一刺激事件或其他网民的反应的即时反馈都可纳入其中（Qiu et al, 2014）。相对于这种社会学视角，杜骏飞等人（2010）则延续中国特色的法治视角，将群体性事件的概念扩展到网络空间，并强调了其潜在的积极成分，他们认为网络群体性事件的本质就是"网民群体围绕某一主题，基于不同目的，以网络聚集的方式制造社会舆论、促发社会行动的传播过程。它可以是自发的，也可以是受组织的；可能是有序的、健康的，也可能是无序、不健康的，甚至是非法的"（杜骏飞，魏娟，2010）。

上述概念的提出推动了对中国网络舆情和群体行动的特征和机制的研究，但以往的界定往往忽视了由现实和网络互动引发的群体行动，以及基于群体目标的个体行为，从而限制了研究的范围和结果的解释力（邱建新，2009）。怀特等人（Wright, Tayolr, & Moghadam, 1990）认为，如果某人像所属群体典型成员那样去行动，且其行动旨在改善所属群体的状况，他就是投入集体行动中。这种克服物理空间和人数限制，突出行动背后的心理属性的界定，也适用于描述和理解网络情境中的各类行为和群体现象（Wright, 2009）。

为最大限度地概括各类网络现象，全面探究中国网络文化特征及其对人们社会生活的影响，我们用"网络集体行动"一词指代那些基于某一共同影响、刺激或目标，在网络环境中或受网络传播影响的个体或群体性努力。它既包含网络上的言语（如网络舆论、网络审判）或行为表达（如人肉搜索、网络集会、网络恶搞），也包含涉及现实行为的群体活动，后者还可进一步分为网络传播引发的现实集体行动（如快闪活动）、因网络传播而进一步发展或激化的现实集体行动，以及利用网络传播动员或组织起来的现实集体行动（乐国安，薛婷，陈浩，2011）。

单一取向的集体行动理论难以对纷繁复杂的中国网络群体现象进行分析（Yang，2009），不同的诱发事件、社会环境以及不同的参与人群交织成不同形式的网络事件和现实行动。虽然这些网络集体行动蕴含不同的文化意义和内在诉求，但大多根植于共同的不满和社会背景。中国网络集体行动具有不同于西方集体行动的特征，如以自发参与为主，有组织的动员相对较少。接下来，我们集中探讨中国网络集体行动的参与者特征和网络条件下的社会和情境的特征。

理性兼具感性的中国网络集体行动

对事物的分类和对事物的理解总是相伴而生的，在解析中国网络集体行动的道路上，国内外学者也提出许多不同的分类框架，一种常见的分类方式是根据诱发事件的性质和所涉及的不同社会问题，对各类网络群体现象进行归类，如"社会不公""权利抗争""国际事件""民族主义"等（杜骏飞，魏娟，2010；Qiu et al.，2014；Yang，2009）。上述分类虽然具有较强的解释力和实用性，但没有触及行动背后的心理根源。克兰德曼斯（Klandermans，1997）不但指出集体行动皆源于某种类型和某种程度的不满，而且对不满的类型进行分类，这为深入分析中国网络集体行动的社会心理特征提供了新的线索。

之前提到，诱发国内网络集体行动的事件都有所侧重地触及三种基本的不满：基于相对剥夺的不公平感、基于突发遭遇的威胁感和基于违背道义的义愤感。具体而言，首先，"社会不公""权利抗争""经济剥削"和"文化抗争"等引发的事件，多是源于不健全的体制和政策、不恰当的管理或不合理的资源分配损害了民众特别是弱势群体的经济利益、生存和发展的权利、知情权和表达权等，如富士康跳楼事件、三鹿奶粉事件等。其次，国际事件、民族主义、群际冲突、环境问题等引发的网络集体行动，主要是人们对自身或族群的权利、生活环境或身份地位遭到意外的侵害或威胁而作出的反应。最后，当个体的言论和行为超越了道德底线，违背了大众所重视的价值观或行为准则时，也会引发人们的愤怒和谴责，如以"周久耕事件""郭美美事件""小悦悦事件"和"李刚事件"等为代表的官员腐败、权力滥用、富人和名人道德败坏以及各类越轨言行和丑闻等。

当然，这种划分并不绝对，某类事件本身或某些事件的发展过程也可能触发不同性质的不满，如一些涉公、涉富事件，既触犯了人们的道德准则，又是权力和资源分配不平等的直接体现，同时可能是导致弱势群体利益受损的主要原因。突发的自然灾害或意外事故也可能因处理不当而加深民众对有关部门的不信任和不满。因此，还需要进一步探索诱发网络集体行动背后的矛盾和不满及其之间的关系和动力特征。

作为根源的不满往往普遍存在于社会中，单纯的不满并不足以触发集体行动，只有当不满转化为特定情境下的动机时，才能激发人们的参与意向（Klandermans，1997）。中国网民参与网络集体行动的动机一直社会各界普遍关注的问题，已有研究从不同视角探讨了网络集体行动参与的工具性动机、认同动机和意识形态动机等（邱建新，2009；李良荣，郑雯，张盛，2013；Balla，2012；Zheng & Zhang，2012）。

首先，延续着现实集体行动的特征，网络集体行动，特别是涉及个人利益的维权行为，大多体现出基于物质利益诉求、寻求舆论支持和试图影响政府决策的动机特征（Balla，2012；Zheng & Zhang，2012；Qiu et al，2014）。实证研究发现，相对于现实情境，中国背景下的网络集体行动更具理性，这主要体现在个体效能感和集体效能感对参与行为的影响上（薛婷，陈浩，乐国安，姚琦，2013）。

其次，除了追求物质利益和促成现实改变外，人们在网络空间的频繁互动和意见共享也建构了新的群体认同（邱建新，2009）。邱林等人（2014）基于案例分析和调查研究，区分了两种性质的认同对中国网络集体行动的作用：一种是怀着忧国忧民之心的网民，他们关注社会问题，以重树社会公正为己任，积极参与有关社会议题的讨论和行动；另一种则源于人们对孤独的恐惧和对归属感的寻求，特别是一些边缘人群，他们可能并不关心社会问题，只是通过加入网络群体来寻求与他人的联系和行为规范。当群体的利益或行为准则受到损害或威胁时，他们更可能参与较激进的群体行为（Qiu et al.，2014）。

再次，研究发现，部分中国网民参与网络集体行动既不是为了获得即时的物质利益，也不是为了提升群体地位或权利，而是为了表达某种价值理念，如对社会问题的担忧、对社会正义的渴望、对权威的质疑等（张明军，陈朋，2012）。进一步分析发现，这种意识形态动机在中国网络场域中有其独特的表现形式，例如，部分具有文化批判性质的网络恶搞就可以看成草根文化对虚伪的精英文化的戏谑、挑战和颠覆（杜骏飞，2009）。

最后，作为放大器和加速器的情绪，在中国网络集体行动中有其独特的地位和表达逻辑。正如杨国斌（2009）所指出的，网络事件的核心话语主要是通过情感的表达来发挥其影响力的。其研究发现，对涉及弱势群体问题的讨论和对挑战道德伦理的事件的抗议（如山西黑砖窑事件、孙志刚事件、药家鑫事件等），往往在悲情的氛围中伴有同情和愤怒的情感表达。以恶搞为代表的网络文化事件（如"一个馒头引发的血案"）则主要是以戏谑的方式表达对霸权文化的抵抗和蔑视，在交流和狂欢之中确认彼此的"草根"身份。

一些研究试图对核心动机的作用路径进行整合分析，结果发现，以工具理性和效能感为核心的理性驱动和以社会认同、价值观和情绪为核心的感性驱动对人们参与网络集体行动有不同程度的影响。其中，社会认同和价值观作为核心因素，对参与意向和参与行为有直接或间接影响，并根据事件类型和具体情境调节情绪、效能感、工具理性与参与意向和行为之间的关系（薛婷，陈浩，乐国安，姚琦，2013，2014）。这些研究结果是否具有跨事件和跨地区的一致性，还需要进一步的研究去证实。

自组织导向的中国网络集体行动

中国正处于社会经济转型期，一方面，社会管理机构在调整社会利益分配和维护公民利益时出现的政策不完善、执行不当、有关部门对信息沟通的消极管理等负面现象，导致民众对相关部门的信任缺失，公民参与政治和价值表达渠道的不畅通，以及维权机制的不完善或经常受阻，致使人们另辟蹊径来表达意见和维护权利（申琦，2010；张明军，陈朋，2012）；另一方面，为推进政治文明建设，促进社会的和谐发展，社会管理机构在加强监管网络消极行为的同时，采取了一系列措施鼓励民众通过网络发表意见，揭示社会问题，这在一定程度上促进了网络议题的范围和数量的扩展（Balla，2012）。这些构成了中国网络集体行动必要的政治社会背景。

作为网络集体行动主要场域的互联网，其对信息沟通的变革性影响不仅改变着集体行动的表现形式，而且在一定程度上颠覆着集体行动的本质属性和核心机制。具体而言，网络的开放性和匿名性等特征降低了人们宣泄情感和参与行动的成本；网络传播的双向性和去中心化则赋予"草根"阶层更多的权利和主动性，使其从信息的被动接收者转变为舆论的制造者和传播者（邱建新，2009；Lei & Ya-Wen，2011），这些特征迎合了当下部分中国网民的内心需求。

中国互联网络信息中心发布的第45次《中国互联网络发展状况统计报告》显示，截至2020年3月底，我国的互联网普及率已达64.5%，网民规模达9.04亿。《2019年中国网络社会舆情分析报告》指出，2018年以来，网络社会热点事件中涉企舆情占比有所上升，网民隐私意识、版权意识有所提高，与此同时，网民自发爆料的占比有所上升，民生类议题更易引发舆论聚焦。由此可见，互联网超越时空的传播效率在增进人们的互动和认同的同时（Van Laer & Van Aelst，2010），也提高了网络社会管理的难度，为非理性情绪和行为的相互感染和扩散埋下伏笔（刘鹤，2012）。

在社会背景和互联网特征的共同影响下,新生的网络意见领袖和自发参与的网民逐渐成为中国网络集体行动的主体(Bennett, 2014)。互联网提供的便捷、快速、广泛和低成本的沟通渠道,使人们不再需要借助正式的组织就能传递自己的声音或维护权益。这种自组织的集体行动结构在不同的社会背景中,共同表现出去中心性、分散性和扁平性等特征(Earl & Kimport, 2009)。在一些情境下,包容了不同身份的"网络意见领袖"扮演着领导者的角色,他们所拥有的社会和信息资源、社会地位和自身的魅力都会影响他们在网络中的吸引力和感召力(生奇志,高森宇,2013),这在多是自组织形式的中国网络集体行动中表现得尤为突出。"网络意见领袖"的影响力也映射了现实和网络空间中的资源分配不均,使"草根"群体特别是弱势群体,往往需要借助"网络意见领袖"的力量来发声(Svensson, 2014)。

我们希望以上多层次、多视角的分析有助于对中国网络集群行为的全面理解,并为未来的研究提供一个可供参考的框架。首要任务就是在中国情境下,通过实证研究验证上述理论,对比不同社会文化下网络集群行为的需求和供给差异。在此基础上,进一步明确各类动机在网络集群行为中的作用路径,以及环境因素和组织特征与群体心理的交互作用(薛婷,陈浩,乐国安,姚琦,2013)。未来的研究还可根据不满或动机的类型对网络事件进行分类,建立能够量化的预测指标体系,为有效区分和预测网络事件的属性和发展趋势,最大限度地发扬网络的积极作用和避免消极影响提供科学依据。

第四章

我们的研究

—— 调节定向理论视角下的集体行动

个体为达到特定目标会努力改变或控制自己的思想、反应，这一过程称为"自我调节"（Geers, Weiland, Kosbab, Landry, & Helfer, 2005）。在自我调节过程中，个体会有特定的方式或倾向，即调节定向。调节定向理论（regulatory focus theory, RFT）根据所服务的需要类型区分了两种调节定向（Higgins, 1997）——与提升需要（成长、发展和培养等）相关的促进定向（promotion focus）和与安全需要（保护、免受伤害等）相关的预防定向（prevention focus）。两种调节定向在目标实现过程中的表征和体验模式完全不同：促进定向将期望的目标状态（desired end-states）表征为抱负（desire）和完成（achievement），在目标追求过程中更关注积极结果，更多地体验到与喜悦—沮丧相关的情绪；而预防定向将期望的目标状态表征为责任、安全和必需（necessity），在目标追求过程中更关注消极结果，更多地体验到与放松—愤怒相关的情绪。例如，对于改善人际关系这一目标，促进定向的个体会将其表征为加强社交联系和避免失去社交机会，而预防定向的个体会将其表征为消除不利于社交联系的隐患和避免社会排斥。

促进定向和预防定向的强度既存在长期的个体差异，又存在暂时性的情境差异。调节定向作为一种普遍的动机原则，对人们的基本心理过程（如认知评价、决策判断）和行为策略都会产生重要影响，并在人际互动、组织管理、营销等领域有广泛的应用（姚琦，乐国安，2009; Lanaj, Chang, & Johnson, 2012）。我们认为，了解个体对促进定向或预防定向的趋向，对理解个体致力于追求集体目标及其采取的行动方式至关重要。接下来，我们尝试建立调节定向理论与集体行动研究之间的理论桥梁，基于社会心理学研究方法为这些理论设想提供实证证据，以回应个体在应对集体弱势、决定是否参与集体行动的过程中所面临的三个核心问题：是参加个体行动还是参加集体行动？如果参加集体行动，在行动中给予高水平还是低水平的承诺？是采取规范方式行动还是采取非规范方式行动？

"我好还是大家好？"——调节定向对个人目标和集体目标选择的影响

弱势群体的成员需要在个体行动与集体行动之间作出选择（Tajfel & Turner, 1979; Wright, Taylor, & Moghaddam, 1990）。个体行动旨在提升个人的社会地位，例如，个人可以要求老板给自己加薪；集体行动旨在提升集体的社会地位，例如，可以采取集体抗议的形式要求提升某个群体的整体工资水平。提升个人地位通常是弱势群体成员的首选策略（Wright et al., 1990），但为何旨在提升群体的弱势地位的集体行动屡见不鲜？

在大多数社会中，个人社会地位的提升机会同时受个人价值和所属群体成员身份的影响（Crocker, Major, & Steele, 1998; Wright et al., 1990），这种社会系统称为"代币系统"（token system）。代币系统不同于完全开放或封闭的系统：在完全开放的系统中，地位差别完全基于个人价值的形成，弱势群体成员选择个体行动的倾向胜于选择集体行动的倾向；而在完全封闭的系统中，地位差别完全基于团体成员身份的形成，弱势群体成员选择集体行动的倾向胜于选择个体行动的倾向（Bettencourt, Charlton, Dorr, & Hume, 2001; Ellemers, Wilke, & Van Knippenberg, 1993; Lalonde, &

Silverman，1994）。尽管在代币系统中，低地位群体成员拥有向上流动的机会，但与高地位群体成员相比，这种机会往往更少（Boen & Vanbeselaere，1998；Reynolds, Oakes, Haslam, Nolan, & Dolnik，2000；Wright & Taylor，1998，1999），因此，代币系统依然是有歧视意味的。这导致了低地位群体成员在选择最恰当的地位提升方式时面临一些困惑：是应该利用社会系统提供的机会，付出努力来提升个人地位，还是应该通过提升群体地位来回应社会系统中存在的歧视？

调节定向影响个体对代币系统的赋意

要探究低地位群体成员对代币系统中个人地位提升或群体地位提升的偏好，需要先了解他们如何对该系统中的模糊性进行赋意。从积极的角度看，代币系统为弱势群体成员提供了向上流动的机会；从消极的角度看，群体中高地位成员与低地位成员具有的向上流动的机会是不均衡的（Danaher & Branscombe，2010；Richard & Wright，2010）。弱势群体成员对代币系统积极或消极方面的感知和回应的程度，会影响他们是选择个体行动还是选择集体行动（Wright，1997）。具有不同调节定向的个体在关注目标的积极方面与消极方面上存在不同偏好。

个体通过对积极或消极线索的偏好为其行为提供依据，这在模糊情境（即弱情境）中表现得尤其明显（Snyder & Ickes，1985）。具体来说，促进定向的激活会导致个体的感知觉和行为产生积极偏差，促进定向的个体更可能基于代币系统提供的个体流动机会作出行动，对个体行动的偏好胜于集体行动；与之相反，预防定向的激活会导致个体的感知觉和行为产生消极偏差，预防定向的个体更可能关注代币系统的消极方面，对集体行动的偏好胜于个体行动。当情境中不存在模糊性（如在完全封闭的情境中），调节定向对行动偏好的影响不存在差异。

接下来我们会详细介绍两个研究，验证上述理论分析。第一个研究探究存在个体差异的长期调节定向与个体地位或群体地位提升的偏好的关系，第二个研究通过实验操纵了情境性调节定向，考察参与者在实现个体地位和群体地位提升方面的实际努力。两个研究都通过实验操纵了群体边界可渗透性，对比了代币系统条件（即半渗透）与控制条件（即群体边界完全封闭）下调节定向的作用。

长期调节定向的影响

这项研究在中国北方某大学社会心理学公选课上招募了 88 名本科大学生参与实验，其中男生 40 人，平均年龄 19.95 岁。参与者被随机分为四组：促进定向+封闭系统、促进定向+代币系统、预防定向+封闭系统、预防定向+代币系统。

首先，参与者被告知将要参与两个没有关联的研究，分别为一个简短的问卷调查和一项实验。调查部分旨在测量调节定向（姚琦，乐国安，伍承聪，李燕飞，陈晨，2008），参与者填写完问卷后继续完成实验，并被告知："该实验旨在研究群组之间的竞争。为了创建不同的组，会将所有参与者随机分配到一个四人组（B 组）里，并将要和另外一个四人组（A 组）比赛。比赛由初赛和决赛组成，赢得初赛的队伍将有机会影响决赛的规则。"实际上，没有形成任何组，并且所有参与者在整个实验过程中独立完成任务。为了增加竞争的参与度，参与者被告知获胜的队伍在实验之后能够参加一个有趣的任务；反之，失败的队伍将不得不参加一个更乏味的任务（Wright et al.，1990）。

初赛由一个字谜任务组成，参与者需在三分钟内尽可能多地解答五个字母的字谜［如 KTAES（SKATE）］。为了创造群体地位上的差异，所有参与者都被告知，自己所属群体解决的字谜比对方组少，即 B 组输掉了初赛（Ellemers, Spears, & Doosje, 1997）。

为了引入对群体边界可渗透性的操纵（参考 Ellemers et al., 1997; Wright et al., 1990），研究者告诉参与者，由于 A 组赢得了初赛，A 组将有权决定是否让 B 组中的一名成员在决赛之后加入 A 组。随后，研究者向参与者进一步解释：如果 A 组允许 B 组成员加入他们的队伍，B 组成员在决赛中就不得不选择是为自身的群体努力（争取为 B 组赢得最终胜利）还是为自己努力（以获得加入 A 组的机会）；如果 A 组不允许 B 组成员加入他们的队伍，B 组成员为了赢得比赛，除了为自身的群体努力外没有其他的选择。在决赛中为自己努力不会帮助他们的群体赢得比赛，为群体努力也不会增加个人加入 A 组的机会。

随后，就可以顺理成章地操纵两群体间地位差异的可渗透性：在封闭的条件下，参与者被告知 A 组不会给 B 组成员加入 A 组的机会；在半渗透条件下，参与者被告知 A 组决定让 B 组中在决赛里个人分数最高的人加入 A 组。然后，在决赛回合开始之前，参与者被要求回答一系列问题，包括对群体边界可渗透性的操纵有效性检验的测量（2 个题目，如"你所属团队的成员有可能进入 A 组吗？"）和对因变量的测量［6个题目，如"我在决赛中会尽可能多地为我自己解答字谜""我在决赛中会尽可能多地为我所属群体解答字谜"（反向计分），该变量得分越高就表示，相较群体地位的提升，参与者越偏好个体地位的提升］。实际上，决赛并没有开始，实验到此结束。

实验结果发现，在半渗透条件下，与预防定向的个体相比，促进定向的个体更倾向于追求个体地位的提升；在封闭条件下（不可渗透），调节定向对个体地位或群体地位的提升的偏好影响没有明显差异。可见，在半渗透条件下，采用促进定向可使低地位群体成员更倾向于追求个体地位的提升，而非追求群体地位的提升。

虽然这项研究为我们的研究假设提供了初步证据，但它也存在一些局限：首先，自我报告的对提升个体地位或群体地位的偏好（本研究中的因变量）并不必然等同于提升个体地位或群体地位的实际努力。其次，调节定向是作为长期的个体差异变量来测量的，这就难以排除第三变量（与长期的调节定向存在共变关系的变量）对研究结果的解释。为了得到更明确的结论，需要考察在半渗透条件下，情境引发的促进定向或预防定向对个体地位或群体地位提升的承诺水平的影响。因此，在第二个研究中，我们将通过实验操纵调节定向并测量参与者在个体地位或群体地位提升方面的实际努力，以对研究假设进行更严格的检验。

情境引发的调节定向的影响

这项研究招募了来自中国北方某大学的 109 名学生参与实验，其中女生 51 人，平均年龄 18.39 岁。所有参与者被随机分为四组：促进定向＋封闭系统、促进定向＋代币系统、预防定向＋封闭系统、预防定向＋代币系统。

这项研究的流程与前一个研究基本相同，但加入了调节定向的操纵和对参与者地位或群体地位提高的努力行为的测量。在问卷部分，我们在希金斯及其同事（Higgins, Roney, Crowe, & Hymes, 1994）建议的程序的基础上稍做改动来操纵调节定向：参与者写出他们在学习中想要实现的（促进定向条件）目标或者他们认为应该实现的目标（预防定向）。对因变量的测量通过在实验部分包含比赛的决赛回合来实现。在决赛中，参与者有四分钟时间来解答五个字谜。在尝试解答每个字谜之前，参与者必须决定他们是想要为个人利益（获得机会加入A组）而解答字谜，还是想要为群体的利益（赢得比赛对抗A组）而解答字谜。参与者为群体解答的字谜的数量之和与为自己解答的字谜的数量之和，分别作为参与者为群体地位提升和个人地位提升所付出的实际努力的指标（Ellemers, Pagliaro, Barreto, & Leach, 2008）。实验结束后，研究者向参与者充分解释研究目的和过程并解答参与者的疑惑，参与者没有问题便可离开。

这项研究的结果验证了上一个研究的结论，并且通过操纵调节定向和测量个体为个人地位或群体地位提升的实际努力行为，拓展了研究结果，为研究假设提供了进一步的证据。

启　发

我们从自我调节的视角重新审视了以往关于代币系统的研究结果，加深了我们对低地位群体成员如何回应代币系统的理解。以往研究（Danaher & Branscombe，2010；Wright，1997）表明，代币系统具有模糊性，人们在此系统中是追求个体地位的提升还是追求群体地位的提升，依赖他们是关注这个模糊系统中的积极方面还是消极方面。我们也通过两个实验研究展示了低地位群体成员对代币系统的模糊性赋意时调节定向的重要作用。

上述研究结果对集体行动的实践研究有启发意义。在代币系统中，集体行动的动员者如果能以预防定向框架宣传集体行动的目标（如将集体行动目标宣传为应该实现的样子，而不是理想的样子），将启动动员对象的预防定向，减少个体地位提升机会对动员对象的诱惑，进而促进他们参与旨在提升群体地位的集体行动。同样，如果动员者以促进定向框架宣传集体行动的目标（如把目标设定为理想型），将启动动员对象的促进定向，增加他们受个体地位提升机会诱惑的可能性，进而降低集体行动参与意愿，动员效果将大打折扣。

可能性和重要性的战役：调节定向对集体行动承诺的影响

集体行动是低地位群体提升其社会地位的有效手段（Tajfel & Turner，1979）。以往研究表明，将自己所属群体视为弱势群体增加了个体参与集体行动的动机（Bettencourt, Charlton, Dorr, & Hume，2001；Smith & Ortiz，2002）。也就是说，群体的弱势地位可能会让其群体成员感知到社会变革的重要性和必要性，增加他们参与集体行动的可能性（即使行动成功概率微乎其微）。

另一些时候，人们参与集体行动的动机显得更具工具性：人们仅在他们认为集体行动成功的可能性较高时，才会参与集体行动。例如，在工会运动中，工会成员感知到的集体行动达到其预期目标的可能性，对参与集体行动有很强的预测作用（Flood，1993；Klandermans，1984a，1984b，1986）。在一些集体行动中，人们感知到的集体行动成功的可能性是人们参与集体行动的重要驱动力，而在另一些集体行动中，参与者的参与动机受他们赋予集体行动目标的重要性的驱动（Klandermans & Oegema，1987；Van Stekelenburg，Klandermans，& Van Dijk，2009）。这就引出以下问题：何时人们会对集体行动付出承诺？为什么人们有时会不考虑这一行动目标实现的可能性，依旧对集体行动付出承诺？

调节定向影响集体行动的目标建构

低地位群体成员需要考虑个体或集体的地位提升对他们来说是否值得，这决定他们的承诺（commitment）水平，即他们自己愿意为实现个体或集体地位的提升这个目标承担的成本。个体对不同类型集体目标的承诺水平存在差异，某些形式的集体行动比其他形式的集体行动需要更高的承诺水平。例如，签署一份请愿书成本相对较低，形式简单，只需要较低的承诺水平；相比之下，绝食罢工会危及生命，是高承诺水平的集体行动；志愿活动（需要花费时间和精力）是中等承诺水平的集体行动。要理解个体参与不同形式的集体行动的原因，必须考虑这些行动所需承诺水平的差异。

目标承诺长期以来一直被视为成本—收益分析的结果（Fishbein & Ajzen，1975），即当目标对于人们非常重要且被认为这些目标可

第四章 我们的研究——调节定向理论视角下的集体行动

以实现时,人们才会对这些目标作出承诺。弱势群体成员对集体行动的承诺水平取决于他们有多重视集体目标,在多大程度上相信通过集体行动可以实现这些目标(Mummendey, Kessler, Klink, & Mielke, 1999; Van Zomeren, Postmes, & Spears, 2008)。然而,这种成本—收益的工具性考量对集体行动承诺的预测作用相当弱,有时甚至与集体行动的承诺毫无关联(Fox-Cardamone, Hinkle, & Hogue, 2000; Simon et al., 1998; Stürmer & Simon, 2004b, 2005; Stürmer, Simon, Loewy, & Jorger, 2003),因为有时弱群体成员在不相信通过集体行动有可能实现重要目标的情况下,也会对集体行动作出承诺。

我们认为,在选择集体行动还是个体行动时,个体在预防定向和促进定向上的差异可以解释成本—收益分析在预测集体行动承诺时的相对不稳定性。根据调节定向理论(Higgins, 1997),促进定向和预防定向在目标建构方式上存在差异(Shah & Higgins, 1997):促进定向的个体关心收益、成长与成就目标的实现,将目标建构为理想的,或者是在理想的情况下他们能够完成的最大目标,而且当他们感知到成功的可能性,就开始追求目标;预防定向的个体关心安全及履行义务与职责,将目标建构为应该实现的,或者是应该完成的最低目标,并出于目标的必要性去追求目标。

在集体行动情境中,促进定向的个体倾向于把社会变革建构为在理想的情况下他们所能够完成的最高目标,这使得他们能灵活地等待实现促进目标的机会。随着社会变革重要性的增加,他们会更专注于这一机会,即促进定向个体参与集体行动的动机受这一行动实现社会变革的可能性的驱动。预防定向下的个体则将社会变革建构为应该完成的最低目标，随着这样一个最低目标重要性的增加，目标逐渐成为必须实现的。当社会变革的重要性相对较低（即当社会变革不被视为是必要的）时，预防定向的个体在作出是否参与集体行动的决策时会对实现社会变革的可能性更敏感——仅当他认为实现社会变革的可能性很高时，才会积极参与集体行动；当他认为社会变革非常重要时，就会积极追求社会变革（即使他认为实现目标的可能性很低）。

我们通过三个实验检验上述研究假设。这三个实验都以工作场合中的性别歧视为情境背景。参与者被告知，由于性别歧视，与男性相比，女性的收入和获得职业发展的机会都更少。为了给参与者提供反抗这种歧视的可能机会，研究者向参与者介绍了一个集体行动团体（实际上这个团体是虚构的），通过测量参与者在该集体行动团体的网站上给予的支持水平，来测量参与者实际愿意为集体行动付出承诺的程度。三个实验采用不同的方法考察调节定向对社会变革的价值和可能性与集体行动承诺关系的影响。第一个研究测量了参与者的调节定向以及他们对集体行动目标的重要性的感知，并操纵实现目标的可能性；第二个研究采用不同方式测量了调节定向，并通过实验同时操纵集体目标的重要性和目标实现的可能性；第三个研究通过实验操纵了情境中的调节定向，测量了参与者对集体行动目标的重要性和实现可能性的感知。

调节定向和集体行动目标的重要性和可能性的影响

在第一个研究中，我们招募了 82 名来自中国北方某大学的女大

第四章 我们的研究——调节定向理论视角下的集体行动

学生参加实验,平均年龄 19.65 岁。参与者被随机分配到两组(集体行动实现其目标的可能性高与可能性低),测量参与者对集体行动的承诺水平。

研究者在实验前告诉参与者,接下来她们将要参加两个不相关的研究:一个简短的问卷调查和一项实验研究,问卷调查包括对调节定向的测量。使用《调节定向谚语问卷》测量参与者的长期促进定向和预防定向(Van Stekelenburg,2006)。其中,测量促进定向和预防定向的题目各有 6 题(如测量促进定向的题目——"不入虎穴,焉得虎子"和测量预防定向的题目——"做你能做的和了解的")。用参与者促进定向的标准化分数减去预防定向的标准化分数得到参与者占主导的调节定向得分(Sassenberg,Jonas,Shah,& Brazy,2007),得分越高,说明参与者越倾向于促进定向;得分越低,说明参与者越倾向于预防定向。

问卷完成后,开始第二项内容:参与者阅读由某著名研究机构撰写的研究报告。事实上,该报告旨在使参与者意识到,其所属群体(女性群体)在职场中的弱势地位。例如,在相同的工作情况下,女性的收入比男性少约 7%,且工作晋升的机会更少。然后,研究者发给每位参与者一本小册子,上面写有某集体行动团体(虚构的)为对抗工作场所中的性别歧视而精心设计的行动计划。在小册子中,该集体行动团体要求参与者在其网站上表达对该行动的支持程度。

为了操纵该团体实现集体行动目标的可能性,向不同组别的参与者展示的研究报告和小册子的内容是不同的:在高可能性条件下,参与者了解到,这项针对工作场所性别歧视的斗争会产生较大的社会影响,该团体预期实现行动目标的可能性很大;在低可能性条件下,参与者了解到，这项针对工作场所性别歧视的斗争所产生的社会影响很小，该团体预期实现行动目标很困难。同时，参与者需要表明她们感知到的该团体行动目标的重要性。

随后，参与者看到集体行动团体的网站。她们可以选择支持集体行动团队的方式有三种：（1）签署一份请愿书；（2）成为该团队的一员；（3）和/或参加反对性别歧视的集体示威游行。上述三个选项逐渐提高集体行动的承诺水平，即形成了一个累积的格特曼量表（Guttman，1947）。参与者选择的支持该团队的方式的数目构成了集体行动承诺水平的指标（Kelloway & Barling，1993）。

我们的研究发现，对于促进定向占主导的个体，当她认为集体行动目标很重要时，集体行动目标实现的可能性与对集体行动的承诺水平具有显著正相关，当她认为集体行动目标不太重要时，集体行动目标实现的可能性与对集体行动的承诺水平具有显著负相关；对于预防定向占主导的个体，当她认为集体行动的目标很重要时，集体行动目标实现的可能性与对集体行动承诺水平的相关不显著，只有当她认为集体行动目标不太重要时，集体行动目标实现的可能性与对集体行动的承诺水平才呈现正相关趋势。

还有一个意料之外的发现：对于促进定向占主导的个体，如果她认为集体行动目标不太重要，目标实现的可能性对集体行动的承诺水平有负向影响（高集体目标实现的可能性反而降低对集体行动的承诺水平）。而我们原本预期此时目标实现可能性对集体行动承诺的影响会削弱，但不至于有负向影响。我们将在下面的两个研究中进一步检验这个意外结果的可靠性。

值得注意的是，由于研究中的两个自变量（调节定向和集体行动目标的重要性）是通过问卷调查得到的，具有自然发生的个体间差异，我们无法基于（部分）相关数据作出因果推断。在第二个研究中，我们会同时操纵集体行动目标的重要性和实现的可能性，使用不同的测量问卷测量调节定向，为我们的研究假设汇聚证据。

长期调节定向和集体行动目标的重要性和可能性的影响

第二个研究招募了来自中国北方某大学的 153 名在校女大学生，平均年龄 22.39 岁。参与者被随机分配到四组中：集体行动目标的重要性高＋目标实现的可能性高、集体行动目标的重要性高＋目标实现的可能性低、集体行动目标的重要性低＋目标实现的可能性高、集体行动目标的重要性低＋目标实现的可能性低。

这项研究使用与上一项研究相同的程序，但有两点不同。第一，使用不同的量表测量调节定向（Lockwood, Jordan, & Kunda, 2002），但主导调节定向的计算采用与上一项研究相同的方法；第二，操纵而不是测量参与者赋予集体行动目标的重要性，该操纵在参与者阅读完有关工作场所的女性歧视的研究报告后完成。

已有关于行为—态度关系的研究（Festinger & Carlsmith, 1959）表明，当人们展示一个有说服力的论点时，他们会让自己在这一议题上的看法与他们所展示的论点一致。以此为操作重要性的依据，我们要求参与者写下一段话，赞成（高重要性的情况）或反对（低重要性的情况）"争取工作场合中性别平等（集体行动的目标）是很重要的"。接下来，参与者阅读集体行动团体的小册子并完成相关的测验。

结果表明，对于促进定向占主导的个体，如果她认为集体行动的目标很重要，她对集体行动付出的承诺水平受感知到的该目标实现的可能性的影响——目标实现的可能性越高，她对集体行动的承诺水平越高；对于预防定向占主导的个体，在相同情境中，目标实现的可能性对集体行动承诺水平有负向影响——集体行动目标实现的可能性低反倒提升她对集体行动的承诺水平。当感知到的集体行动目标的重要性低时，不论个体的主导调节定向是促进定向还是预防定向，社会变革的可能性对集体行动承诺水平的影响都不显著。可见，第一个研究中的意外发现在第二个研究中没有得到重复。

第二个研究操纵了参与者感知到的集体行动目标的重要性，因此能够得出集体目标的重要性影响个体对集体行动的承诺水平的结论，从这个角度看，它扩展了第一个研究的研究结果；它还采取了不同的量表测量调节定向，得出与第一个研究相似的结果，为研究假设提供更坚实的支持。但这两个研究考察的调节定向都是长期的个体差异变量，对于情境引发的调节定向所起的作用，能否得出相同的结论？出于上述考虑，我们开展了第三个研究，通过实验来操纵调节定向。

情境调节定向和集体行动目标的重要性和可能性的影响

第三个研究招募了来自中国北方某大学的 52 名在校女大学生参与，平均年龄 19.31 岁。参与者被随机分配到促进定向或预防定向两个组别中。

研究程序与上述两个研究相似，只有两处不同：通过实验操纵（而非测量）调节定向；测量（而不是实验操纵）集体行动目标实现的可能性和重要性。

对调节定向的操纵使用希金斯及其同事（Higgins, Roney, Crowe, & Hymes, 1994）建议的程序。在呈现给参与者其他材料之前，要求参与者写下她们在学习中想实现（促进定向）或应该实现（预防定向）的事情。然后让参与者阅读与第一个和第二个研究相同的关于工作场合中的性别歧视的报告。根据沙阿和希金斯（Shah & Higgins, 2001）的研究结果，促进定向的个体在评价由刺激引发的快乐或沮丧情绪时反应速度更快，而预防定向的个体在评价由刺激引发的平静或愤怒情绪时反应速度更快。因此，在参与者阅读完报告后，需要她们报告与促进定向和预防定向相关的情绪反应，如快乐、沮丧（促进定向），平静、愤怒（预防定向），作为对调节定向的操纵检验。

集体行动目标的重要性通过三个题目来测量（例如，"我认为在工作场所中反击性别歧视是非常重要的"）；集体行动成功的可能性通过六个题目来测量（例如，"我认为该集体行动团体针对工作环境中的性别歧视的斗争是会成功的"）；对集体行动承诺水平的测量和计算方式与第二个研究所用方式相同。

第三个研究的结果与研究假设一致：对于促进定向的个体，如果她认为集体行动的目标非常重要，感知到的目标成功的可能性会提高对集体行动的承诺水平；当她认为集体行动目标不重要时，这种影响不显著。对于预防定向的个体，高度重视集体行动目标者有高集体行动承诺水平，不论其对集体实现其目标可能性的感知如何；不重视集体行动目标者的集体行动承诺水平，随集体行动目标实现可能性的增加而增加。

启 发

我们以工作场所中的性别歧视为研究背景，通过三个系列研究一致发现，集体行动目标的重要性和可能性影响个体对集体行动的承诺水平，这种影响有赖于个体的调节定向。并不是所有人在决定是否参与集体行动时都使用相同的方式：促进定向下的个体更多地受工具性动机（实现目标的可能性）的影响；预防定向下的个体一旦认为社会变革是重要的，就较少受工具性动机的影响。

以往有关社会变革的可能性与集体行动参与动机关系的研究结果存在分歧（Hornsey et al., 2006; Kelly, 1993）。例如，社会变革的可能性一直被证明是工会运动的有力预测因素（如 Flood, 1993; Klandermans, 1984a, 1984b, 1986），却不是反核运动的有力预测因素（如 Fox-Cardamone et al., 2000; Fox & Schofield, 1989），此研究结果可以为这种不一致性提供解释。参与反核的集体行动服务于安全需要，受预防定向系统的调节，这可以解释为什么社会变革的可能性不是参与这种行动的有力动力；参与工会运动旨在实现员工福利，服务于成长需要，受促进定向系统调节，这就解释了为什么此时目标实现的可能性是参与工会运动的强有力预测因素。

根据我们的研究结果，集体行动的发起和组织方应根据集体行动发生的社会情境，针对不同的人使用不同的激励或动员方法。发起和组织方建构的促进定向或预防定向的信息框架可以影响潜在参与者的调节定向类型，进而影响他们是否决定参与集体行动。在实现社会变革的可能性不高，甚至是不可能的背景下（例如，受另

第四章 我们的研究——调节定向理论视角下的集体行动

一个社会群体的剥削或来自另一个社会群体的支持不足),集体行动发起和组织方采取预防定向的信息框架(例如,将社会变革宣传为可接受的最低结果),可能是吸引潜在参与者加入行动队伍的最有效方法;在实现社会变革的可能性较高的背景下,集体行动发起和组织方采取促进定向的信息框架(例如,将社会变革宣传为最高的理想结果),可能是吸引潜在参与者加入行动队伍最有效的方法。同时,集体行动发起和组织方采用促进定向的信息框架时,要传递有关集体行动目标实现的重要性和可能性的信息,以达到最佳动员效果;采用预防定向的信息框架时,强调集体目标的重要性就足够了。

综合前人研究发现和我们的研究结果,可以得到以下结论:工具性考量和群体不公正是驱动集体行动参与的两条不同路径,但它们仅是诸多可能路径中的两条。正如前文所提到的,社会认同、意识形态等因素也是集体行动参与的重要动机(Simon et al., 1998; Van Stekelenburg et al., 2009)。未来研究的一个有意义方向是探讨调节定向与这些途径的关系。

我们的研究聚焦于某一特定类型的集体行动——规范的集体行动(Wright, 2001b)。以往研究已经证实,非规范的集体行动(如参与暴力抗议)是实现社会变革的另一种可选方式,这两种集体行动有明显不同(Corning & Myers, 2002; Lalonde, Stroink, & Aleem, 2002)。个体是如何在规范和非规范的集体行动之间作出选择,以及调节定向对这种选择过程的影响,将是未来研究中一个有趣的研究议题。

"造反有理?"——调节定向对道德信念和集体行动参与意愿的影响

群体成员在对群体弱势地位进行回应时,其敌对或仁慈程度存在差异。弱势群体成员常常认为某些人或团体(如独裁者和优势群体)需要为其群体弱势地位负责,此时采取的集体行动不仅可能维护内群体的利益,还可能伤害其他人或群体的利益。在这种情况下,集体行动被视为敌对的而不是仁慈的。典型的敌对形式的集体行动是暴力骚乱和内战。弱势群体成员必须决定他们在多大程度上愿意损害那些对其所属群体弱势地位负责的个人和团体的利益。当成员的这种意愿很高时,他们就会将敌对的集体行动(如蓄意破坏和恐怖主义)视为正当的、合理的。

弱势群体成员如果认为敌对的、极具攻击性的集体行动是正当的,会发生什么呢?迄今为止很少有涉及这一议题的研究,仅有的寥寥几项研究表明,弱势群体成员仅在其所属群体用温和的方式不能提升其群体地位,或受到非常不公平且不道德的对待时,才会采取敌对的集体行动(Spears, Scheepers, & Van Zomeren, 2011; Tausch, Becker, Spears, Christ, Saab, Singh, & Siddiqui, 2011)。

我们准备从调节定向理论的角度分析个体如何在敌对与温和的集体行动之间作出选择,力求解释以下议题:低地位群体成员什么时候以及为什么会选择以逾越社会规范,甚至超越了他们自己通常在道义上能够接受的方式,来改变他们所属群体的不利地位?

我们将首先讨论敌对与温和的集体行动,在此基础上整合有关道

第四章 我们的研究——调节定向理论视角下的集体行动

德信念和调节定向的研究成果,力求推进我们对个体参与何种形式的集体行动的决策的理解。

敌对与温和的集体行动

在过去的几十年中,社会心理学对集体行动的研究主要集中在探讨弱势地位群体成员参与集体行动的动机上(Mummendey, Kessler, Klink, & Mielke, 1999; Simon et al., 1998; Van Zomeren, Spears, Fischer, & Leach, 2004),这些研究为理解弱势地位群体成员在什么条件下愿意参与集体行动以提升其群体的社会地位提供了丰富的成果。然而,这些研究大部分探讨了人们参与相对温和的集体行动(如签名、参与和平的示威或合法的政治运动)的动机,很少有研究探讨人们参与更具敌对性的集体行动(那些明确将造成内群体弱势地位的外群体的利益作为攻击目标的集体行动,如动乱、骚乱等)的动机(Louis, Taylor, & Douglas, 2005)。

集体行动参与者和置身事外的人都认为这些敌对的集体行动明显有别于温和的集体行动,这表明,参与群体行动的个体并不总是想要诉诸敌对手段,以达到集体行动的目标(Corning & Myers, 2002; Lalonde & Cameron, 1994; Lalonde, Stroink, & Aleem, 2002; Scheepers, Spears, Doosje, & Manstead, 2006; Wolfsfeld, Opp, Dietz, & Green, 1994)。是什么因素使某些弱势群体成员采用极端、敌对的手段,并认为这是合理的呢?有必要更细致地考察道德在个体参与敌对的集体行动决策中的作用。

当道德信念遇到预防定向

个体持有的关于其所属群体应受到公平对待的道德信念的强弱程度是集体行动参与的重要动机变量。道德信念指有关对或错、道德或不道德的强烈且绝对的信仰（Mullen & Skitka, 2006; Skitka, 2002; Skitka et al., 2005; Skitka & Bauman, 2008; Skitka & Mullen, 2002）。道德信念被视为普遍适用的真理，它因而有别于其他强烈但与道德无关的态度。例如，对于某种音乐类型的偏好可以是一种强烈的态度，但它作为一种个人的品位或观点，不属于道德态度（Spears, Ellemers, & Doosje, 2009）；关于堕胎、种族清洗和谋杀等议题的态度通常被认为是关乎道德的，因为它们涉及对与错的区分。有道德信念的人相信自己的立场反映的是客观事实，而不仅仅是个人观点；认为其他人，不论他们的背景如何，也应该在这些问题上持有跟自己相同的立场；当面对不道德事情时会感到愤怒（Skitka et al., 2005）。与其他类型的态度相比，道德信念更具行动的使命感，甚至认为攻击持有不同道德信念的人是合理的（Mullen & Skitka, 2006）。根据这些研究结果，我们认为，如果群体成员持有自己所属群体应得到公平对待的道德信念，当他们面对不公平的事情时，他们会体验到群体愤怒，感受到采取行动反抗弱势群体地位的内在责任感。

不过，我们不认为道德信念对集体行动的上述驱动作用在所有情境下、对所有人都适用。道德因素起"应该"的作用（Higgins, 1987; Skitka, 2003; Skitka & Mullen, 2002），人们对不道德的消极判断比对道德的积极判断更强烈（Skowronski & Carlston，1987，1989）。道德信念构成追求与预防定向相关的目标的强烈动机。事实上，道德的"应该"属性本身就意味着道德信念的激励效果取决于个体的预防定向强度。而促进定向的个体倾向于追求理想或最优目标，道德因素在他们身上起"应该"而不是"理想"的作用。据此，我们认为，在面对不公平的事件时，持有关于自己所属群体应被公平对待的强烈道德信念，会驱动强预防定向的个体参与集体行动，以回应所属群体的劣势地位。预防定向的个体把重要的目标建构为必须实现的（Scholer, Zou, Fujita, Stroessner, & Higgins，2010），只要它能实现，怎么实现目标已经不重要了。因此，我们进一步认为，对于预防定向的个体，持有关于自己所属群体应被公平对待的强烈道德信念会驱动其支持敌对形式的集体行动。

我们通过两个研究来检验上述观点，同样使用工作场所的性别歧视的研究范式。研究者首先让女性参与者意识到工作中的性别歧视问题，然后让她们表明自己对反抗这种歧视的诸多敌对与温和的集体行动的支持程度（Corning & Myers，2002；Wolfsfeld, Opp, Dietz, & Green，1994），以此为因变量。第一个研究通过问卷测量参与者长期的调节定向以及参与者所持男女平等的道德信念的强度；第二个研究通过实验操纵启动参与者暂时的情境调节定向，并再次评估参与者持有的所属群体应被公平待遇的道德信念的强度。

长期调节定向和道德信念的影响

第一个研究招募了 182 名来自中国北方某大学的在读女大学生

参与研究，平均年龄 18.22 岁。参与者被告知她们将参与两个不相关的研究——一个简短的调查问卷《简版调节定向测量》(Lockwood, Jordan, & Kunda, 2002) 和一项实验。在实验部分，参与者阅读一个关于工作场所中性别歧视的研究报告（同前一部分中的研究材料相同），以使参与者意识到在工作场所中其所属群体（女性）的弱势地位。随后完成关于性别平等的道德信念的强度和对不同类型集体行动支持程度的简单测量。其中，关于性别平等的道德信念的强度用五个题目测量（如"男女平等是我道德信念的核心部分"）；对温和形式的集体行动的支持，通过让参与者报告她们对四种不同类别的温和的集体行动的支持程度来测量（如"成为反性别歧视的集体行动团体中的一员"）；对敌对形式的集体行动的支持，通过让参与者报告她们对四种不同类别的敌对（且不合法的）的集体行动的支持程度来测量（如"在存在性别歧视的组织内发动抗议"）。

研究结果显示，对于高预防定向的参与者，有关性别平等的道德信念可以提高其对敌对与温和的集体行动的支持；对于低预防定向的参与者，这种提高作用不明显；促进定向不影响有关性别平等的道德信念与任何形式的集体行动的支持关系。

这项研究也存在一些局限：我们还不能排除是反对性别歧视的重要性，而非道德信念，产生了研究中发现的调节作用；还需要关注对敌对的集体行动的道德反对（moral objection）如何影响调节定向、道德信念与集体行动参与形式的交互作用。我们认为，预防定向的个体将追求性别平等视为必须实现的目标（Shah & Higgins, 1997），这种达成目标的必要性将取代对敌对的集体行动的道德反对，导致他认为采取"不道德的"敌对的集体行动是合理的。预防定向的个体如果持有关于性别平等的强烈的道德信念，对敌对的集体行动持道德反对就不会减少关于性别平等的道德信念对敌对的集体行动的支持；但如果他没有关于性别平等的强烈道德信念，情况就与之相反。对于促进定向的个体，对敌对形式的集体行动的道德反对以及关于性别平等的道德信念都不会影响对敌对的集体行动的支持。

情境调节定向和道德信念的影响

第二个研究招募了151名来自中国北方某大学的女大学生参与实验，平均年龄19.3岁。参与者被随机分配到两个组（调节定向组和促进定向/预防定向组）中。

其研究程序与上一个研究基本相同，只有两点不同：这项实验操纵（而非测量）了参与者的调节定向；这项实验包含了参与者对敌对的集体行动的道德反对的测量。对调节定向的操纵方式借鉴了希金斯及其同事（Higgins, Roney, Crowe, & Hymes, 1994）使用的方法——要求参与者写出在她们的学习和工作中，她们想要实现（促进条件）或者感觉应该实现（预防条件）的目标。随后，参与者阅读了与第一个研究相同的关于工作场所中女性歧视问题的研究报告。实验中用四个题目来测量对敌对的集体行动的道德反对，如"如果反对性别歧视的集体行动伤害了存在性别歧视的组织的利益，这在道德上是不允许的"。

研究结果显示，关于性别平等的强烈道德信念可以使预防定向的个体不但支持温和的反对性别歧视的集体行动，还支持敌对的反对性别歧视的集体行动，即使她认为敌对的集体行动是不道德的；而对于促进定向的个体，不管是关于性别平等的强烈道德信念，还是对敌对的集体行动的道德反对，都不会影响她对温和或敌对的集体行动的支持。也就是说，预防定向的个体为了维持自己持有的关于其所属群体应被公平对待的强道德信念，倾向于以结果论英雄——支持各种形式的集体行动。

启 发

道德信念能够驱使人们参与温和的集体行动（Van Zomeren, Postmes, & Spears, 2012），我们的实验展示了它还能够驱使人们参与敌对的集体行动，并研究了其驱动机制，扩展了以往的研究结果。

我们的研究结果显示，道德信念通过预防定向的自我调节系统，驱动人们参与温和与敌对的集体行动，它加深了我们对个体参与敌对的群体行动的意愿的理解。相关研究结果表明，暴力、敌对的集体行动可以视为对内群体所承受的不道德对待的预防定向型反应，预防定向的个体对实现目标的手段的质疑和反对不敏感。一旦认为内群体受到不道德对待，就有强烈的动机来改变这种状况，这为发动敌对的集体行动扫除了障碍（Kruglanski & Fishman, 2006; Skitka & Mullen, 2002）。

在实践层面，使用道德信念来驱动集体行动可能有风险。因为道德信念通过预防定向系统影响行为，被道德信念影响的预防定向个体会把集体目标看作必须实现的，而不是想要实现的，这为使用敌对的手段来实现群体目标作好了准备。如果集体行动发动者使用道德信念来动员他人参与集体行动，就不经意间创造了利于敌对的集体行动发生的条件。

第四章 我们的研究——调节定向理论视角下的集体行动

当然，集体行动发动者也会考虑以促进定向的信息框架表达他们的道德信念，即将与道德信念一致的目标表征为最高目标（Janoff-Bulman, Sheikh, & Hepp, 2009），使得动员对象并不将集体行动目标看作必须实现的，从而降低采取敌对的集体行动的可能性。然而，这种做法也有缺点。例如，由于促进定向下的目标承诺水平依赖对成功的预期（Shah & Higgins, 1997），通过以促进定向框架表述道德目标来动员他人参与群体行动，可能仅仅在集体行动成功的可能性高时才会有效，而这个前提条件很少能满足（Hornsey et al., 2006）。

在更广的理论层面，应用调节定向理论研究集体行动参与动机是一项富有成效的尝试。近年来，集体行动的研究在考察不同动机（如工具性、公正感以及不同形式的社会认同等）对集体行动承诺的相对影响力方面取得了显著进展（Stürmer & Simon, 2005; Van Zomeren, Postmes, & Spears, 2008）。从逻辑上讲，下一步研究将探讨在何种情境下，对哪些个体来说，一些动机对集体行动的激励效果要比其他动机好，或者相比其他动机有不同的影响，而理解参与集体行动的动机背后的自我调节过程是下一步研究的重要理论基础。例如，我们之前的研究已经发现，区分促进和预防定向有助于理解工具性动机如何影响集体行动参与决策。具体来说，工具性考量（即有关集体行动成功与否的预期）仅对促进定向的个体参与集体行动有激励作用，这为协调已有工具性动机在集体行动参与中的作用的不一致结论提供了依据（Van Zomeren et al., 2008）。我们的研究补充和丰富了这些发现，揭示了不公平感和对不道德的认知能驱动预防定向的个体参与群体行动（也可参见 Sassenberg & Hansen, 2007），显示了调节定向可以很好地适用于范索梅伦及其同事（Van Zomeren et al., 2004)提出的双路径模型——不公正感和工具性考量是驱动个体参与集体行动的两条独立动机路径。

值得注意的是，我们的研究考察了个体对所属群体的敌对的集体行动的支持，这并不必然意味着此结果可以推广到实际生活中。主动参与（而非被动支持）敌对的集体行动会涉及更多风险，以往研究表明，预防定向指向对风险的厌恶和规避（Crowe & Higgins, 1997），这种厌恶和规避可能阻碍预防定向的个体参与敌对的集体行动（即使他们在态度上支持这种行动）。不过，最近的研究也发现，预防定向的个体并不总是厌恶和规避风险（Scholer, Stroessner, & Higgins, 2008; Scholer, Zou, Fujita, Stroessner, & Higgins, 2010）：当他们认为目标是必须实现的，冒险是达成目标的唯一方法，他们就愿意去冒险。先前研究已经证实敌对的集体行动恰恰发生在上述条件下（Louis et al., 2011; Spears, Scheepers, & Van Zomeren, 2011），有理由预期，持有自己所属群体应被公平对待的强道德信念的预防定向个体，在这种情况下尤其可能实际参与敌对的集体行动。也就是说，结果（社会改变）将手段（敌对形式的集体行动）合理化。

调节框架和集体行动：个体自我调节与集体行动的交互作用

从歧视到集体行动：调节定向角度的建构

人们在受歧视时的反应多种多样，包括从接受所受不公平待遇到

第四章 我们的研究——调节定向理论视角下的集体行动

参与集体抗议等。有研究显示，人们会最小化甚至否认他们遭受的潜在不公（如 Quinn & Olson，2001，2003）；即使人们已经意识到自己受到不公正对待，也极少坚定地采取行动对此作出回应（Olson & Hafer，2001；Wright，2001a）；当人们确实采取行动时，这些行动往往基于个体行动，而非集体行动（如 Wright，1997；Wright，2001a，2001b）。

人们如何回应所遭受的不公平待遇吸引了社会学和社会心理学领域研究者的大量关注。社会心理学的相关研究主要集中在群际关系领域，将社会认同（Klandermans，2002；Stürmer & Simon，2004a）和消极的群际比较（尤其是群体水平的相对剥夺，相关综述见：Olson & Hafer，2001）作为集体行为的预测变量；社会学的相关研究倾向从成本—收益（如 Klandermans，1997；Stürmer & Simon，2004a）的角度以及抗议的框架（如 Benford & Snow，2000）分析集体行动。

最近的研究证实了调节定向理论能预测集体行为，不论该行为是群体内部的还是群体间的（Faddegon, Scheepers, & Ellemers，2008），这表明通常在个体自我水平考察的自我调节过程能延伸至集体和社会自我水平。因此，我们认为，调节定向理论能有效地与社会认同理论相结合，用来理解集体行动。

将调节定向理论应用到集体行动研究中需要分析歧视和集体行动的建构过程。我们认为，那些感受到自身或所属群体受到歧视的人更可能从安全威胁的角度建构歧视，即采用预防定向建构歧视。该观点主要基于以下研究证据：首先，群际社会比较更趋于关注弱势群体，而非优势群体，例如，女性之于男性（Stroessner，1996），黑人之于白人（Pratto，Korchmaros，& Hegarty，2007），同性恋之于异性恋（Hegarty & Pratto，2001）；同时，更关注弱势群体的消极结果（与预防定向相关），而不是优势群体的积极结果（与促进定向相关）。其次，欧瑟曼等人（Oyserman，Uskul，Yoder，Nesse，& Williams，2007）的研究发现，污名化的身份会提高预防定向，而身份凸显性不会对促进定向产生影响。该研究也显示，启动预防定向能增强对所受不公平对待的感知。可见，消极的群际比较会增强对与预防定向相关的问题的关注，这些问题又会加剧消极的群际比较。由于集体行动是对消极群际比较的回应，我们将上述关于歧视建构过程的研究发现延伸到集体行动领域，认为集体行动同样与预防定向相关。

预防定向不仅与安全需要或消极框架下的信息相关，还与建构自我的特定方式以及他人的角色相关。李等人（Lee，Aaker，& Gardner，2011）的研究证实了相依型自我建构导致个体更关注预防定向的信息，这个发现的意义在于，它表明相依型自我建构和社会认同在概念上存在重叠。相依型自我建构是依据关系、角色和群体成员的身份进行自我定义（Markus & Kitayama，1991），而社会认同是自我概念的一部分，这种自我概念源于群体成员的身份（Tajfel & Turner，1979）。社会认同和集体行动之间的关系已经得到大量研究证据的支持（见第二章中的"社会认同与集体行动"）。因此，与促进定向相比，预防定向与集体行动的关联更紧密，这不仅是因为预防定向促进了个体对安全需要的警觉以及对消极框架信息的关注，而且是因为它鼓励人们去思考自己与群体成员之间的关系和责任，从而决定是否代表所属群体采取集体行动。

我们认为，歧视可以建构为对安全需要的威胁，这使得当从预防定向的角度建构集体行动时，预防定向的个体更易接受集体行动；当从促进定向的角度建构集体行动时，促进定向的个体更易接受集体行动。

我们通过两个研究检验上述假设。第一个研究考察了女大学生与促进或预防定向相关的自我差异对其参与集体行动意愿的影响；第二个研究考察了此差异是否与情境变量（安全需要/成就目标框架）相互作用，进而影响参与集体行动的意愿，以及这种相互作用如何发生。

促进定向和预防定向的自我差异的影响

第一个研究招募了79名来自中国北方某大学选修社会心理学公选课的女大学生参与研究，平均年龄18.24岁。研究者设置了不同的条件：在实验条件下，参与者了解到第一个任务是描述自我概念并写下自己的"理想"或"应该"自我的六个特征（Higgins et al., 1986, 1994），然后分别评定这些特征与自己真正拥有的特征的差异程度。所有评定都使用利克特七点量表（1=根本没有，7=完全拥有）。其中，理想自我被定义为"你最理想的类型，你期待、希望或渴求成为的那种人"，应该自我被定义为"你相信你应该能成为的那种类型，你认为这是你的职责、义务以及有责任去成为的那种人"。控制组不需要完成该书写任务。随后，所有参与者需要阅读一份清单，上面列有旨在提高女性社会地位的25项集体行动（改编自Foster & Matheson, 1995），需要她们选出自己在未来六个月内预期会参与的集体行动。这份清单中包含的集体行动在需要花费的努力和规模上存在差异，例如，"我将有意识地尝试使用非性别歧视的语言""我将为一个致力于解决女性问题的组织或针对这一问题的事件捐款"（需要相对较少的努力）和"我将参与一个关于女性问题的抗议活动""我将组织一个关于女性问题的抗议活动"（需要相对较多的努力）。

第一个研究的结果证实了关注预防定向相关信息的女性（在应该自我框架条件下），比关注促进定向相关信息的女性（在理想自我框架条件下）表现出更强的集体行动参与意愿，这与已有的关于启动预防定向会增加对歧视的感知的研究一致（Oyserman et al., 2007）。有趣的是，控制组的女性报告的集体行动参与意愿与应该自我框架条件下的女性没有显著差异，但两者都要高于在理想自我框架条件下的女性。强调理想和愿望确实可能会破坏集体行动的吸引力——它可能使参与者关注自己的独特身份，而不是关注其群体成员身份及与群体成员的关系。

与促进定向相比，预防定向框架总是能产生更强的参与集体行动的动力吗？如果预防定向会提高个体对消极群际比较的敏感性并增加对他人的关注，这是否意味着预防定向的个体选择集体行动是因为将其作为一种解决群际不公的方式？答案似乎是否定的。对感知到群际威胁的预防定向个体而言，集体行动仅仅是一种可用的回应方式。当面对威胁时，个体搜寻并选择能减少威胁的最佳行动，集体行动并不总是一个最具吸引力的选择。然而，当集体行动是一种可能的选择，且它展示了能够满足与预防定向相关的关注点时，对于预防定向的个体，集体行动应该被视为一个有吸引力的回应方式。

促进定向必定会抑制集体行动吗？答案也是否定的。尽管促进定向的水平可能与被污名的身份以及感知到的歧视不相关（Oyserman et al., 2007），但这并不意味着促进定向个体总是不关注群体水平的身份和地位。他们或许不会感知到与预防定向个体同等程度的群际威胁，但如果他们相信通过集体行动能提高成功的机会，就仍然会寻求积极的身份并参与集体行动。

在第二个研究中，我们同样会以女大学生为研究对象，考察促进与预防定向框架下的自我差异与情境目标框架之间的交互作用如何决定集体行动的意愿，以检验上述假设。

调节定向匹配和集体行动意向

第二项研究旨在考察特质性调节定向与目标框架对参与集体行动的意愿的影响。具体来说，以女性运动为背景，考察长期调节定向是促进定向的女性是否更关注集体行动与成就相关的潜在的结果，而长期调节定向是预防定向的女性是否更关注集体行动与安全相关的潜在的结果。所有目标都以积极表述来呈现，与参与者的自我相关，并且避免直接提及目标实现的可能性，从而控制不同调节定向可能引发的期望—价值效应差异（Shah & Higgins, 1997）。我们预测，当集体行动被框定为促进实现与成就相关的目标时，促进定向的女性更可能参与集体行动；当集体行动被框定为促进实现与安全相关的目标时，预防定向的女性更可能参与集体行动。

我们招募了 60 名来自中国北方某大学选修社会心理学公选课的女大学生参与研究，平均年龄 18.62 岁。整体研究程序与第一个研究类似，但在变量的操纵和测量方面有所不同：其一，对参与者调节定向的测量。参与者填写完整版的《自我问卷》(Higgins et al., 1986, 1994)，即对"理想"和"应该"自我进行自我报告和等级评定，并且平衡了参与者间这两者的顺序。其二，对集体行动目标框架的操纵。在完成对参与者的调节定向的测量后，引入实验操纵。参与者阅读6个声称是由其他女性提出的针对女性利益的集体行动的观点。事实上，这些观点是研究者设计的，便于控制集体行动的成就收益和安全收益的平衡。参与者被随机分配到以下三种条件的任意一种条件下：在成就框架条件下，参与者阅读到6个强调参与集体行动成就收益的观点，如"我认为女权运动是好的，因为它能打开大门，让更多的女性勇攀高峰"；在安全框架条件下，参与者阅读到6个强调参与集体行动安全收益的观点，如"我认为女权运动是好的，因为女性需要保护她们自己以及她们的权利"；在控制组中，参与者阅读到6个强调参与女性运动的成就收益和安全收益的观点。参与者需要评估参与每个集体行动的重要性，同样采用利克特七点量表计分。参与者对所有观点重要性的评估的均值，作为参与者对所阅读的观点的反应指数的指标。其三，对集体行动参与意愿的测量。使用的集体行动行为清单与第一项研究有所不同——不是简单地让参与者说明哪些行为可能在接下来的6个月内被执行，而是要评估被执行的可能性，评估等级也是采用利克特七点量表。参与者对25项集体行动参与意愿的均值，作为他们在未来6个月参与集体行动的可能性的指标。

第二项研究的结果证实了集体行动框架会影响个体的集体行动参与意愿。当集体行动以安全收益而不是以成就收益呈现时，预防定向

第四章　我们的研究——调节定向理论视角下的集体行动

个体的参与意愿更高；反之，则促进定向个体的参与意愿更高。尽管来自第一项研究的证据显示，与促进定向相比，预防定向在集体行动中发挥更大作用，但第二项研究显示促进定向也有影响力。

第二项研究引入的控制组有助于理解与预防定向和促进定向相关的集体行动参与意愿的相对稳定性。在控制组中，给参与者提供的是与调节框架相关的信息，且数量相同。值得注意的是，尽管使用与促进定向相关的信息来弱化与预防定向相关的信息这一设计没有降低预防定向参与者的行动意愿，但反过来做之后，确实会降低促进定向参与者的行动意愿。上述结果与第一项研究的结果共同表明：在集体行动中，相对于预防定向，促进定向可能引发不稳定的集体行动参与意愿。

启　发

不论是情境引发的调节定向还是长期存在的调节定向，至少对女性来说，都会影响她们参与集体行动的意愿。可以说，促进定向和预防定向的女性都对调节框架很敏感。

有趣的是，在两个研究中，参与者在预防定向条件和控制组条件下的集体行动参与意向的差异都不显著，说明集体行动通常以预防定向的框架建构。正如我们之前论证的，歧视倾向以预防定向的框架建构，集体行动作为对歧视的一种回应，通常会以相同的方式去建构。将集体行动框定在促进定向方面可能会破坏它与歧视情境的兼容性，也就是说，促进定向诱发的参与集体行动的动机不具有稳定性，除非针对的是促进定向个体——对于个体，促进定向框架能使集体行动与其目标兼容。当然，这种解释只是一种推测，需要未来研究进一步验证。

这两项研究中参与者报告的对集体行动的兴趣和卷入度的绝对水平都相对较低，但结果仍具有一定的意义。大量的研究证实，即使人们的确把消极后果归因于歧视（这可能是很罕见的），他们仍不愿采取果断行动（Olson & Hafer，2001；Wright，2001a）；即使他们采取了行动，本质上也更趋向于采取个体行动，而不是集体行动（相关综述见 Wright，2001a，2001b）。在这样的背景下，两个研究都得到了在统计上具有可信度的结果是令人鼓舞的。

我们的研究为集体行动的研究提供了一个新的视角。尽管集体行动发生在广阔的社会和政治情境下，相关研究也主要集中在群体水平的过程上，但我们的研究结果显示，所谓自我调节也对群体水平的行为有影响。我们的研究并不是第一个证实自我调节与群体水平的行为相关的研究项目，除了欧瑟曼等人（Oyserman et al.，2007）发现了预防定向与对不公的感知之间的关联外，其他研究还证明调节定向与群际偏见有关。例如，萨森贝格等人（Sassenberg et al.，2003）使用资源分配范式发现，促进定向提升了内群体偏爱，即分配给内群体成员更多积极资源，而不是更少消极资源。对预防定向来说，情况正好相反。沙阿等人（Shah et al.，2004）测量了情感反应和趋近—回避倾向，结果发现，内群体偏爱与长期的促进定向相关，外群体贬损与长期的预防定向相关。法登贡等人（Faddegon et al.，2008）甚至证实了调节定向会成为群体身份的一部分，与群体成员的个人定向有交互作用。

除此之外，与个体利益直接相关的集体行动会更有吸引力。事实

第四章 我们的研究——调节定向理论视角下的集体行动

上,特罗普和布朗(Tropp & Brown,2004)提供的证据显示,相对于群体身份和群体提升的影响,女性的自我提升动机对集体行动的支持和卷入度的预测作用更强。他们的分析也揭示个体提升动机(参与者对自己的参与行为感觉良好)会调节群体身份认同和集体行动之间的关系,同时凸显个体过程和群体水平过程的重要性。这就是说,对强烈认同女性群体的女性而言,代表这个群体去行动可以服务于重要的个人目标。

集体行动还为检验调节定向理论提供了一个新的、有启发性的情境。一些研究者指出,预防定向的主要目标就是维持现状。例如,利伯曼等人(Liberman,Idson,Camacho,& Higgins,1999)认为,促进定向的个体对改变有更开放的态度,而预防定向的个体更趋于稳定。迄今为止的研究证据也都显示,预防定向的个体更不可能参与有风险的行动(如 Crowe & Higgins,1997)。然而,我们的研究结果显示,预防定向导致更高而不是更低的参与集体行动的可能性,这与先前的结果矛盾,但并不意味着以往的研究结论或我们的研究结论是不正确的。事实上,对预防定向的女性而言,集体行动的最终目标是很稳定的。利伯曼等人认为,这些女性之所以采取行动可能是为了防止消极地偏离现状。当涉及关系或群组成员时,预防定向与积极的主动行为相关。调节定向与动机之间的关系要比已有的发现更复杂,这并不是一个新观点,但值得反复去探讨和验证。

我们的研究有两个局限:第一,研究中感兴趣的因变量是参与者自我报告的集体行动参与意愿。与其他自我报告一样,我们的结果也可能会受参与者潜在的社会赞许性的影响,即参与者表现出她们有关心其他女性的福祉的动机。尽管有这个潜在的限制,但相关研究结果依旧为调节定向影响集体行动提供了重要证据。鉴于跨研究和跨情境的目标行为（即针对女性利益的集体行动）是一致的，严格的社会赞许性观点不能说明调节框架和调节定向效应的原因。所以，尽管自我报告测量不等于真正的行为测量，但该测量在已有研究中被证明可以提供对社会运动参与的具有较高信度与效度的评估。例如，在荷兰农民抗议行为的研究中，德韦尔特和克兰德曼斯（de Weerd & Klandermans，1999）发现，个体自我报告的抵制动机和抵制意愿确实预测了其两年后的实际行动。

第二，我们的研究以女大学生为研究对象，目标行为也总是让女性受益，这在一定程度上无法直接将结论推广到针对其他群体的或与参与者没有直接利益关系的集体行动中。研究结果可能部分是由于我们的参与者是女大学生这个事实导致的。女大学生有特殊的地位，只有当威胁很突出时才会感知到歧视（以及集体行动作为回应歧视的方式的价值）。当群体成员感受到歧视很普遍、很严重，将集体行动视为可以应对不公正的唯一方式时，就会愿意参与集体行动。

不同形式的集体行动与促进定向和预防定向之间的关系可能存在差异。例如，积极参与女性运动的女性，其部分动机可能是由于可以从参与中直接获益（如保护自己不受歧视，这是与预防定向相关的动机）；中产阶级中反贫困计划的拥护者，其动机可能是在参与中可以间接获益（如个人成就感，这是与促进定向相关的动机；Quinn & Olson，2011）

我们通过实验拓展了对集体行动与调节定向之间的关系的理解。研究证实了目标的主观重要性和自我调节过程是影响以参与集体行动应对不公的机制,以及调节定向的个体差异会影响其参与集体行动的动机;预防定向能成为积极、主动、亲社会利他行为的推动力。重要的是,它还为调节定向分析延展至群体水平的过程增加了越来越多的证据(如 Brazy & Shah,2006;Sassenberg & Hansen,2007)。

第五章

反 思

为什么人们会参与集体行动？

我们对人们参与集体行动的原因做了系统的梳理，简言之：因为人们不满、怨恨、愤怒；因为人们有动员的资源并能抓住抗争的政治机会；因为人们的集体身份政治化了。上述回答对应的是集体行动研究历史上的三种主要理论视角。

社会心理学对集体行动的研究始于二十世纪五六十年代，当时研究者提出的集体行动理论多基于符号互动论、结构功能论和相对剥夺论，这些理论被后人称为"经典集体行动理论"（Buechler，2000），也被称为"崩溃理论"（breakdown theory）。其共同特点是将社会运动视为对社会压力、紧张和失范的一种反应，认为参与集体行动的直接原因是个体体验到各种形式的不满和焦虑。也就是说，不满（aggrieved）是抗争的根源。布鲁默（Blumer，1951）、特纳和基里安（Turner & Killian，1987）、斯梅尔塞（Smelser，1962）、戴维斯（Davies，1962）、格尔（Gurr，1970）是该类研究传统的典型代表。他们要么认为社会运动出现在不满的人彼此之间的互动中，要么认为社会运动是修复社会平衡的过程，要么觉得社会运动源于社会中高度的相对剥夺。

然而，一个明显的现实是，很多不满的人并不参与抗争。到了20世纪70年代，以资源动员理论为代表的结构主义取向提出，不满随处可见，问题的关键不是什么造成了人们不满，而是什么让不满的人参与社会运动。资源动员理论者将社会运动视为不满的人发起的常规的、理性的、有制度基础的政治挑战。资源可得性（availability）

第五章 反 思

的差异决定了不满的人是否参与社会运动。人们需要资源来实施集体的政治行动,其中一个关键资源是在不满的人群中存在的组织和网络,即内生的组织(Morris,1984)。资源动员理论认为,是否参与社会运动是对成本与收益进行理性分析的结果,当潜在收益超过预期成本时,人们才会选择参与集体行动,并运用行为的理性决策模型(Klandermans,1984)和集体行动理论(Olson,1965)来解释集体行动中的参与决策。矛盾的是,受剥削虽然驱使人们参与集体行动,但正是剥削让人们失去了采取行动所需的资源。这种矛盾需要外界资源来打破,随后发展出资源动员理论的变式——政治过程理论,认为如果有资源采取行动的不满群体能获得政治机会,情况会发生变化(McAdam,1982)。政治机会是指那些稳定但不必然正式或永久存在的政治环境维度,它们通过影响人们对成功和失败的预期,进而影响人们是否采取集体行动(Tarrow,1994)。以往研究中涉及的影响人们对成功预期的政治环境因素包括国家力量、政党体系和精英阶层的分化等。

20世纪80年代末到90年代初,随着美国和欧洲有关社会运动主题的学术交流不断加强,研究者开始对社会运动的认知和情绪起源感兴趣。作为对当时占主导的结构主义范式的回应,社会运动研究者开始从各种角度强调互动过程、符号化定义和集体行动中的支持者、反对者与旁观者之间的协商的重要性。这些研究者认为,不满、资源和机会是社会运动发展的必要条件,同时也是社会运动的结果。不满的人们可能拥有抗议的资源和机会,但他们仍需要建构一个政治化的集体身份来参与集体的政治行动。在过去近二十年的集体行动研究中,这种新路径被称为"社会建构取向"(social constructionist approach），突出体现在有关社会运动的框架、社会身份和情绪的研究中，例如社会认同理论和群际情绪理论与集体行动研究的结合。社会建构主义的新近发展趋势是试图摆脱诸如资源动员和政治过程这样的结构主义路径，关注情绪在集体行动中的作用。

综上所述，上述理论取向都同意不满是社会运动的根源，但它们对到底是什么让不满的人们参与抗争的解释是不同的。经典集体行动理论单纯强调高度不满的作用；资源动员和政治过程理论认为资源和政治机会是影响社会运动的形成和发展的关键情境因素；社会建构主义更强调不满的民众的互动过程和认知过程，认为这些内部因素促使社会运动出现。

人们参与集体行动的动力

集体行动的动力可以分解为需求（demand）、供给（supply）和动员（mobilization）三方面。其中，需求方关注集体行动的潜在参与者的特征及其动机，如人口学特征、集体身份构成以及共同的情绪状况等。供给方关注社会运动的特征及其诉求，例如，组织方是否具有有效性？具有什么样的领导风格？运动成功的可能性有多大？运动代表的价值观是什么？动员方关注需求和供给之间的汇聚，涉及说服性沟通的有效性、社会网络的影响、新媒体的作用等。社会心理学视角下的集体行动研究更关注集体行动的需求和动员环节。

集体行动的需求环节是如何形成的，我们仍知之甚少。但我们知道，需求的形成发生在社会互动的过程中，这个互动表现为个人被嵌入正式、非正式和虚拟的网络中，这些网络又被嵌入更多的组

第五章 反 思

织里。在这个互动中，人们达成自己的共识，这一过程的实现有情绪、身份认同和效能等我们已经提及的诸多要素。近期，研究者试图将集体行动的诸多路径整合为一个模型，具有代表性的有工具性和认同的双路径模型（Simon et al., 1998）、情绪聚焦路径和问题聚焦路径的双路径模型（Van Zomeren et al., 2008），以及区分了工具性、认同、意识形态和愤怒在决定集体行动参与中的作用的模型（Van Stekelenburg & Klandermans, 2007）。这三个模型的共同之处是：都将认同过程视为集体行动参与过程的核心；都认为共同的身份是共享情绪产生的基础；都包括工具性这一成分，其中效能是重要因素之一。

我们总结了各个整合模型，如图 5.1 所示：集体行动的动机强度是因变量，自变量是来自群体的愤怒以及工具性动机和意识形态动机；工具性动机和意识形态动机都源于个体所认同的群体共有的不满和效能感；不满来自感受到的对利益和原则的威胁——越多的人感受到这种愤怒，就越可能参与集体行动；动机能否转化为实际参与还取决于集体行动能提供的机会。

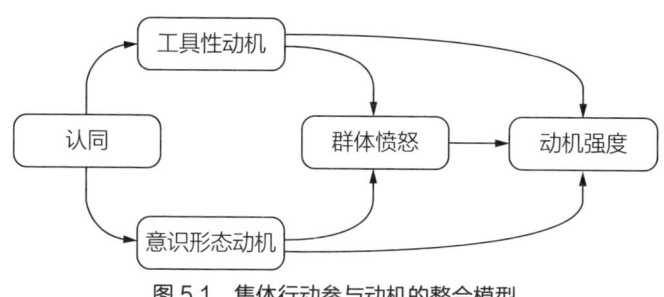

图 5.1 集体行动参与动机的整合模型

当社会运动的组织方能满足集体行动潜在参与者的需要时，就会获得更多支持,也会被认为更有效。评估社会运动和组织方的有效性不是件容易的事,且不同人的评价标准也存在差异,如对政策的影响力、对民意的影响力、受大众媒体关注的程度等。有关他人如何对社会运动作出反应的信息会影响人们对社会运动有效性的感知。社交网络,不论是虚拟的还是现实的,已经成为人们了解他人行为和意图的重要渠道,在这方面具有战略意义。由此产生一个问题:传统的网络和组织,如宗教、社团、政党,是否已经渐渐被轻社区(light communities)和高流动性的动员机构所取代(Roggeband & Duyvendak, 2013)?实际上,越来越多的人避免繁重地长期卷入某项行动,而偏好在非正式、临时的网络中更松散地卷入。轻社区的出现可能伴随着个人化,导致集体行动到个体行动的转变。尽管这只是一个推测,但它提出了一个重要的未来研究议题。

动员将供给与需求关联在一起,使集体行动的发生成为可能。在动员过程中,社交网络不可或缺:通过社交网络互动,个人感受转化为群体不满。社会运动的动员潜力与其积累的社会资本紧密相关。社会资本是嵌套于社会结构中,能在有目的的行动中被动员或利用的资源(Lin, 1999)。它包含三个不同的属性——结构成分、关系成分和认知成分(Nahapiet & Ghoshal, 1998)。其中,结构成分指行动者之间是否存在网络联系,即人们可以接触到谁?结构性社会资本鼓励合作行为,从而促进动员和参与。关系成分指人们通过互动发展起来的各种人际关系,如尊重、信任和友谊。结构成分是集体行动参与的必要但不充分条件,不足以帮助个体克服集体行动的困境。关系性社会资本强调的是人们在关系中实际能获得的各种支持。当人们建立信任时,更有可能参与集体行动。认知性社会资源是一种能提供共同的

第五章 反思

表征、诠释和意义的资源。意识到相似性是产生政治信念和行动倾向的前提。资源动员理论和政治过程理论强调社交资本的结构成分，而社会建构主义方法更强调关系成分和认知成分。

为什么社会嵌入（无论是正式的、非正式的还是虚拟网络中的）在抗议中扮演着重要角色？因为社交网络中的互动对政治参与倾向的影响取决于互动中发生的政治讨论的数量，以及人们能够接触到多少政治信息（McClurg，2003）。研究证明，效能感高的移民更有可能参与抗议，但前提是他们嵌入了社交网络，尤其是种族网络，这为他们提供了一个交流和学习政治的空间（Klandermans et al.，2008）。换句话说，嵌入社交网络中使得人们讨论政治，建构了一个真实的政治世界，并成为社会运动的动员对象。例如，拥有已经活跃在社会运动中的朋友或者熟人的人，比其他人更有可能投入运动中（Klandermans，1997）。

敢问路在何方？

我们已经对社会心理学领域有关集体行动和社会运动的研究成果做了梳理和整合。另一个问题是，未来十年集体行动研究将走向何方？其实，相同的问题在十多年前就已提出，目前仍悬而未决，它有关社会运动中的持续参与、退出和人生历程。

已有大多数研究针对的是某一特定时间下的社会运动，就运动类型来看，多是短期且低风险、低努力型运动，如示威、抵制、静坐、集会、请愿等。实际上，短期参与与长期参与的动机是不同的。一项研究访谈了比利时、法国、意大利、德国和荷兰的长期极右翼活动人士的生活史，结果显示，激进主义对一个人的生活有重大影响，激进主义者生活在被人们反对的环境里（Klandermans & Mayer, 2006）。所以，长期积极分子往往是真正的信徒，否则就不愿意承担这样的后果（Van Laer, 2011）。可即使是真正的信徒，也不会总是轻易地接受激进主义的影响。为什么即使不能实现目标，人们还要继续参加运动呢？其中一种解释是，参与促成了一种"积极的社会心理转变"（Drury & Reicher, 2009）——参与加强了认同，促使集体赋权，产生团结和被支持的感觉。这些赋予了人们对抗权威的勇气和权力，也树立了与外群体对立的身份，为持续参与奠定了道路。但这种解释还缺乏有力的实证证据支持。总体来说，我们缺乏有关持续参与以及集体行动参与对个人人生经历影响的研究，但了解促进或阻碍人们成为并继续成为积极分子的动机、条件和机制，对于理解社会运动的连续性和普遍性至关重要。

由于集体行动的需求与供给并不总是匹配的，集体行动中的退出现象非常普遍。退出的动力是什么，几乎没有研究涉及。当运动走向低谷时，很多参与者会退出，但退出并非参与者面对运动衰落的唯一反应，另一种反应是极端化（radicalization）(della Porta, 1995)。虽然在集体行动的发展周期中，暴力一直都可能存在，但更突出的暴力通常发生在运动的消亡阶段（della Porta, 1995）。此时参与者不满意抗议的结果，面对参与者人数骤减产生补偿心理，想要背水一战（della Porta, 1995）。在这种背景下，持续参与呈现激进化状态，这使得激进的持续参与和退出成为同一枚硬币的不同方面。

上述研究议题对集体行动的研究提出新的要求：从静态的、去情境化的解释转向更动态的、情境化的模型。少数研究已经开始构建集

第五章 反　思

体行动动态模型的尝试。例如，有研究考察了情绪如何影响集体行动参与的动态变化，结果发现，在集体行动中，是外群体导向的愤怒和蔑视，而非自我导向的积极情绪，影响和驱动了未来的集体行动参与行为（Becker, Tausch, & Wagner, 2011）。在另一项研究中，研究者通过两个时点的纵向田野调查，考察了对集体行动的成功和失败的情绪反应是如何驱动未来的集体行动的（Tausch & Becker, 2013），研究结果显示，骄傲（与成功有关）和愤怒（与失败有关）都能激发未来的集体行动，但前者通过效能感的间接效应来实现，后者的效应是直接实现的。上述例子为未来研究集体行动动态发展提供了良好示范。

除了集体行动的前因和结果外，集体行动的动态模型对现有研究方法也提出要求，这涉及因果关系问题。事实上，集体行动领域的大多数发现都基于相关数据。相关数据可以根据我们现有的理论以因果关系的方式来解释，但不能证明因果关系。以效能、社会嵌入和抗议之间的关系为例，基于社会资本理论，我们用因果关系的术语对相关数据的解释如下：人们的社会嵌入越多，效能感越强，参加抗议的可能性就越大。然而，到底是效能感强的人更倾向于加入社会运动组织，还是人们在社会运动组织中体验到更强的效能感？我们无从得知。社会心理学家强调通过实验法来解决因果关系问题，这些实验具有较高的内在效度，可以作出强有力的因果关系推断。但实验室的实验往往脱离自然环境，导致低生态效度。在实验中报告有强烈抗议意愿的学生真的愿意走上街头吗？我们不能肯定。意愿和实际参与行为之间充其量只有中等程度的相关（Oegema & Klandermans, 1994），更重要的是，我们还不知道实验启动的不满、身份认同和效能感能否与真实发生的、由于利益受损或原则违背而产生的反应相提并论。在自然情境中开展纵向现场研究，可能是一种较理想的解决方法。例如，范斯特克伦堡等人（Van Stekelenburg et al., 2013）在一个荷兰社区建立初期通过问卷记录了居民的基本情况，随后通过四次追踪调查，记录了在抗议活动从无到有的过程中需求和供给方面的变化。该研究超越了以往单纯的相关性研究、对孤立个体的调查或实验室研究，对我们更准确地揭示其中的因果关系有启发作用。

后记

这本书是国家社会科学基金重大项目（18ZDA165）和上海市社科规划一般项目（2018BSH014）的阶段性研究成果，还得到了华东师范大学俊秀出版基金的支持。它的完成离不开作者所属研究团队的大力支持：闫新、余浩敏、曹梓祎、郑智燕、王海猛、方正、郝鹤鸣协助完成了本书的资料整理工作；方正、屈鸿雁、张文和王庆负责书稿的校对工作；方正和郝鹤鸣还承担了最后的统稿工作。

在写作过程中，我们引证了大量国内外心理学研究者的研究成果，在此向他们表示衷心的感谢。同时，这本书的出版得到了上海教育出版社的大力支持，在此表示最诚挚的谢意。

所有参与者都努力呈现高质量的研究成果，但能力所限，其中难免有不当之处，我们诚恳期待能得到广大读者和专家的帮助和指正。

姚琦

2021 年 2 月

参考文献

巴克.(1984).*社会心理学*.天津：南开大学出版社.

波普诺.(1999).*社会学*.北京：中国人民大学出版社.

波普诺.(2007).*社会心理学*.北京：中国人民大学出版社.

杜骏飞,魏娟.(2010).网络集群的政治社会学：本质、类型与效用.*东南大学学报（哲学社会科学版）*,12(1),43—50.

杜骏飞.(2009).网络群体事件的类型辨析.*国际新闻界*,7,76—80.

乐国安,薛婷,陈浩.(2010).网络集群行为的定义和分类框架初探.*中国人民公安大学学报（社会科学版）*,26(6),99—104.

乐国安,薛婷.(2011).网络集群行为的理论解释模型探索.*南开大学学报（哲学社会科学版）*,5,116—123.

勒庞.(2004).*乌合之众：大众心理研究*.冯克利,译.北京：中央编译出版社.

勒庞.(2018).*群氓心理学*.陈璞君,译.北京：北京师范大学出版社.

李良荣,郑雯,张盛.(2013).网络群体性事件爆发机理："传播属性"与"事件属性"双重建模研究——基于195个案例的定性比较分析（QCA）.*现代传播*,2,25—34.

刘鹤.(2012).网络群体性事件的再定义.*电子政务*,4—10.

马基雅维利.(2013).*论李维罗马史*.吕健忠,译.北京：商务印书馆.

马克思,恩格斯.(2012).*马克思恩格斯选集（第1卷）*.北京：人民出版社.

麦克莱兰.(2014).*群众与暴民：从柏拉图到卡内蒂*.何道宽,译.上海：复旦大学出版社.

莫斯科维奇.(2003).*群氓的时代*.许列民,薛丹云,李继江,译.南京：江苏人民出

参考文献

版社.

邱建新.(2009).为"网络公众舆论"正名——关于"网上群体性事件"概念适当性的思考.*江苏社会科学, 6*, 91—95.

申琦.(2010).论网络群体性事件中的公共议题管理.*现代传播, 10*, 52—56.

生奇志,高森宇.(2013).中国微博意见领袖:特征、类型与发展趋势.*东北大学学报(社会科学版), 15*(4),381—385.

覃爱玲.(2009)."散步"是为了避免暴力——中国社会科学院社会学所研究员单光鼐专访.*南方周末*,2009-1-14.

王彩元.(2003).中外群体性治安事件之比较.*广西公安管理干部学院学报, 16*,24—27.

王国勤.(2007)."集体行动"研究中的概念谱系.*华中师范大学学报(人文社会科学版), 46*(5),31—35.

王潇,李文忠,杜建刚.(2010).情绪感染理论研究述评.*心理科学进展, 18*(08),1236—1245.

魏海涛.(2019).集体行动的形成:一个文化视角的理论模型.*社会学评论, 4*,75—87.

夏瑛.(2014).从边缘到主流:集体行动框架与文化情境.*社会, 34*(1),52—74.

谢冰梅.(2018).*广西G市谢村的公共事务治理之路研究*.广州:暨南大学.

徐中约.(2013).*中国近代史:1600—2000中国的奋斗(插图重订第6版)*.北京:世界图书出版公司北京公司.

薛婷,陈浩,乐国安,姚琦.(2013).社会认同对集群行为的作用:群体情绪与效能路径.*心理学报, 45*(8),899—920.

薛婷,陈浩,乐国安,姚琦.(2014).独立预测作用,还是基础性影响?——价值观对集群行为的影响机制.*心理学探新, 34*(1),68—76.

杨国斌.(2009).悲情与戏谑:网络事件中的情感动员.*传播与社会研究, 9*,39—66.

杨松.(1996).什么是集体行为——帕克对集体行为的解释.*百科知识, 4*,21—22.

姚琦,乐国安,伍承聪,李燕飞,陈晨.(2008).调节定向的测量维度及其问卷的信度和效度检验.*应用心理学, 14*,318—323.

姚琦,乐国安.(2009).动机理论的新发展:调节定向理论.*心理科学进展, 17*,

1264—1273.

张克荣.（1997）.集体行为的研究.*社会心理科学*，*4*，10—16.

张明军，陈朋.（2012）.2011年中国社会典型群体性事件的基本态势及学理沉思.*当代世界与社会主义*，1，140—146.

赵鼎新.（2006）.*社会与政治运动讲义*.北京：社会科学文献出版社.

赵志裕，温静，谭俭邦.（2005）.社会认同的基本心路历程——香港回归中国的研究范例.*社会学研究*，5，202—227.

周晓虹.（2018）.群氓动力学——社会心理学的另类叙事.*社会学研究*，*33*（6），186—211.

Abrams, D., & Hogg, M. A. (1988). Comments on the motivational status of self-esteem in social identity and intergroup discrimination. *European Journal of Social Psychology*, *18*, 317—334.

Aelst, P. V., & Walgrave, S. (2001). Who is that (wo) man in the street? From the normalisation of protest to the normalisation of the protester. *European Journal of Political Research*, *39*, 461—486.

Agronick, G. S., & Duncan, L. E. (1998). Personality and social change: Individual differences, life path, and importance attributed to the women's movement. *Journal of Personality and Social Psychology*, *74*, 1545.

Alberici, A. I., & Milesi, P. (2013). The influence of the Internet on the psychosocial predictors of collective action. *Journal of Community & Applied Social Psychology*, *23*, 373—388.

Aron, A., Lewandowski, G. W., Jr., Mashek, D., & Aron, E. N. (2013). The self-expansion model of motivation and cognition in close relationships. In J. A. Simpson & L. Campbell (Eds.), *The Oxford handbook of close relationships* (pp.90—115). New York, NY: Oxford University Press.

Ashley, E., & Xiao, Q. (2008). Political expression in the Chinese blogosphere: Below the radar.*Asian Survey*, *48*, 752—772.

Astin, H. S. (1969). Themes and events of campus unrest in twenty-two colleges

参考文献

and universities. *Bureau of Social Science Research*, Incorporated.

Baird, L. (1970). Who protests: A study of student activists. In J. Foster & D. Long (Eds.), *Protest! Student activism in America*. New York: William Morrow & Co.

Bakshy, E., Messing, S., & Adamic, L. A. (2015). Exposure to ideologically diverse news and opinion on Facebook. *Science, 348*(6239), 1130—1132.

Bakshy, E., Rosenn, I., Marlow, C., & Adamic, L. (2012). The role of social networks in information diffusion. *In Proceedings of the 21st international conference on World Wide Web* (pp.519—528). ACM.

Balla, S. J. (2012). Information technology, political participation, and the evolution of Chinese policymaking. *Journal of Contemporary China, 21*, 655—673.

Bargad, A., & Hyde, J. S. (1991). Women's studies: A study of feminist identity development in women. *Psychology of Women Quarterly, 15*, 181—201.

Barsade, S. G., & Gibson, D. E. (1998). Group emotion: A view from top and bottom. In D. Gruenfeld, B. Mannix, & M. Neale (Eds.), *Research on managing of groups and teams* (pp.81—102). Stamford, CT: JAI Press.

Batson, C. D. (1998). Altruism and Prosocial Behavior. In D. T. Gilbert, S. T. Fiske, & G. Lindzey (Eds.), *The handbook of social psychology* (4th ed., Vol. 2, pp.282—316). Boston, MA: McGraw-Hill.

Baumeister, R. F., Vohs, K. D., Dewall, C. N., & Zhang, L. (2007). How emotion shapes behavior: Feedback, anticipation, and reflection, rather than direct causation. *Personality and Social Psychology Review, 11*, 167—203.

Baysu, G. & Phalet, K. (2017). Beyond Muslim identity: Opinion-based groups in the Gezi park protest. *Group Processes & Intergroup Relations, 20*, 350—366.

Becker, J. C., & Swim, J. K. (2011). Seeing the unseen: Attention to daily encounters with sexism as way to reduce sexist beliefs. *Psychology of Women Quarterly, 35*, 227—242.

Becker, J. C., & Wright, S. C. (2011). Yet another dark side of chivalry: Benevolent sexism undermines and hostile sexism motivates collective action for social change. *Journal of personality and social psychology, 101*, 62.

Becker, J. C., Tausch, N., & Wagner, U. (2011). Emotional consequences of collective action participation: Differentiating self-directed and outgroup-directed emotions. *Personality and Social Psychology Bulletin*, *37*, 1587—1598.

Becker, J. C., Wright, S. C., Lubensky, M. E., & Zhou, S. (2013). Friend or ally: Whether cross-group contact undermines collective action depends on what advantaged group members say (or don't say). *Personality and Social Psychology Bulletin*, *39*, 442—455.

Beltrán. (2010). *The trouble with unity: Latino politics and the creation of identity.* Oxford, UK: Oxford University Press.

Benford, R. D., & Snow, D. A. (2000). Framing processes and social movements: An overview and assessment. *Annual Review of Sociology*, *26*, 611—639.

Bennett, W. L. (2014). The logic of connective action: Digital media and the personalization of contentious politics. *Perspectives on Politics*, *12*, 470—471.

Bernstein, M. C. (1997). Celebration and suppression: The strategic uses of identity by the lesbian and gay movement. *American Journal of Sociology*, *103*, 531—565.

Besta, T., & Zawadzka, A. M. (2019). Expansion of the self of activists and nonactivists involved in mass gatherings for collective action. *Group Processes & Intergroup Relations*, *22*, 182—199.

Bettencourt, B., Charlton, K., Dorr, N., & Hume, D. L. (2001). Status differences and in-group bias: A meta-analytic examination of the effects of status stability, status legitimacy, and group permeability. *Psychological Bulletin*, *127*, 520—542.

Bilgiç E. E., & Kafkaslı, Z. (2013). *Results of a survey among Gezi Park protesters* [*Gezi Parkı direni Ş çileriyle yapılan anketten çıkan sonuçları*]. Retrieved from http://t24.com.tr/haber/gezi-parki-direnis-cileriyle-yapilan-anketten-cikan-ilginc-sonuclar/231335

Bimber, B., Flanagin, A. J., & Stohl, C. (2005). Reconceptualizing collective action in the contemporary media environment. *Communication Theory, 15*, 365—

参考文献

388.

Bizer, G. Y., Krosnick, J. A., Holbrook, A. L., Christian Wheeler, S., Rucker, D. D., & Petty, R. E. (2004). The impact of personality on cognitive, behavioral, and affective political processes: The effects of need to evaluate. *Journal of personality*, *72*, 995—1028.

Blee, K. M. (2012). *Democracy in the making*. New York, NY: Oxford University Press.

Block, J. H., Haan, N., & Smith, M. B. (1969). Socialization correlates of student activism 1. *Journal of Social Issues*, *25*, 143—177.

Blumer, H. (1951). Collective behavior. In A. M. Lee (Ed.), *New outline of the principles of sociology* (pp.166—222). New York: Barnes & Noble.

Boen, F., & Vanbeselaere, N. (1998). Reactions upon a failed attempt to enter a high status group: An experimental test of the five-stage model. *European Journal of Social Psychology, 28*, 689—696.

Bonilla, Y., & Rosa, J. (2015). Ferguson: Digital protest, hashtag ethnography, and the racial politics of social media in the United States. *American ethnologist*, *42*, 4—17.

Boothby, E. J., Clark, M. S. & Bargh, J. A. (2014). Shared experiences are amplified. *Psychological Science, 25*, 2209—2216.

Boyd, R. (1988). How to be a moral realist. In G. Sayre-McCord (Ed.), *Essays in moral realism* (pp.181—228). Ithaca, NY: Cornell University Press.

Brandstätter, H., & Opp, K. D. (2014). Personality traits ("Big Five") and the propensity to political protest: Alternative models. *Political Psychology*, *35*, 515—537.

Braungart, M. M., & Braungart, R. G. (1990). The life-course development of left- and right-wing youth activist leaders from the 1960s. *Political Psychology*, *11*, 243—282.

Breslow, A. S., Brewster, M. E., Velez, B. L., Wong, S., Geiger, E., & Soderstrom, B. (2015). Resilience and collective action: Exploring buffers against minority stress for transgender individuals. *Psychology of Sexual Orientation and Gender Diversity*, *2*, 253—265.

Brown, K. T. (2015). Perceiving allies from the perspective of non-dominant group members: Comparisons to friends and activists. *Current Psychology*, *34* (4), 713—722.

Buechler, S. M. (2000). *Social movements in advanced Capitalism*. Oxford: Oxford University Press.

Burnstein, E., & Vinokur, A. (1977). Persuasive argumentation and social comparison as determinants of attitude polarization. *Journal of Experimental Social Psychology*, *13*, 315—332.

Campbell, A., Gurin, G., & Miller, W. E. (1954). *The voter decides*. New York: Row, Peterson, and Company.

Canetti, E. (1978). *Crowd and Power*. New York: Seabury Press.

Caplan, N. (1970). The new ghetto man: A review of recent empirical studies 1. *Journal of Social Issues*, *26*, 59—73.

Caprara, G. V., Vecchione, M., Capanna, C., & Mebane, M. (2009). Perceived political self-efficacy: Theory, assessment, and applications. *European Journal of Social Psychology*, *39*, 1002—1020.

Carroll, S. J. (1989). Gender politics and the socializing impact of the women's movement. In R. S. Sigel (Ed.), *Political learning in adulthood: A sourcebook of theory and research* (pp.306—339). University of Chicago Press.

Chayinska, M., & Minescu, A. (2018). "They've conspired against us": Understanding the role of social identification and conspiracy beliefs in justification of ingroup collective behavior. *European Journal of Social Psychology*, *48*, 990—998.

Christakis, T. (2015). Self-determination, territorial integrity and fait accompli in the case of Crimea. *ZaöRV/Heidelberg JIL*, *75*, 75—100.

Chung, H. L., & Probert, S. (2011). Civic engagement in relation to outcome expectations among African American young adults. *Journal of Applied Developmental Psychology*, *32*, 227—234.

参考文献

Clayton, S. D., & Crosby, F. J. (1992). *Justice, gender, and affirmative action*. University of Michigan Press.

Cole, E. R. (2009). Intersectionality and research in psychology. *American psychologist, 64*, 170.

Coleman, J. S. (1994). *Foundations of social theory*. Belknap Press.

Coleman, P. T., & Lowe, J. K. (2007). Conflict, identity, and resilience: Negotiating collective identities within the Israeli and Palestinian diasporas. *Conflict Resolution Quarterly, 24*, 377—412.

Collins, R. (2001). Social movements and the focus of emotional attention. In J. Goodwin, J. M. Jasper, & F. Polletta (Eds.), *Passionate politics* (pp.27—44). Chicago, IL: University of Chicago Press.

Collins, R. (2004). *Interaction ritual chains*. Princeton, NJ: Princeton University Press.

Combahee River Collective. (1977). The Combahee river collective statement: A black feminist statement. In Z. R. Eisenstein, *Capitalist Patriarchy and the Case for Socialist Feminism* (pp.362—372). New York: Monthly Review Press.

Constantine, M. G., Watt, S. K., Gainor, K. A., & Warren, A. K. (2005). The influence of cross's initial black racial identity theory on other cultural identity conceptualizations. In R. T. Carter (Ed.), *Handbook of racial-cultural psychology and counseling, Vol. 1. Theory and research* (pp.94—114). John Wiley & Sons Inc.

Corning, A. F., & Myers, D. J. (2002). Individual orientation toward engagement in social action. *Political Psychology, 23*, 703—729.

Corrigall-Brown, C. (2012). From the Balconies to the Barricades and Back? Trajectories of Participation in Contentious Politics. *Journal of Civil Society, 8*, 17—38.

Cotter, D. A., Hermsen, J., Ovadia, S., & Vanneman, R. (2001). The glass ceiling effect. *Social Forces, 80*, 655—681.

Craig, S. C., Niemi, R. G., & Silver, G. E. (1990). Political efficacy and trust: A report on the NES pilot study items. *Political behavior, 12*, 289—314.

Crano, W. (2012). *The rules of influence: Winning when you're in the minority*. New

York: St. Martin's Press.

Cress, D. M., & Snow, D. A. (1996). Mobilization at the margins: Resources, benefactors, and the viability of homeless social movement organizations. *American Sociological Review, 61*, 1089—1109.

Crocker, J., Major, B., & Steele, C. (1998). Social stigma. In D. T. Gilbert, S. T. Fiske, & G. Lindzey (Eds.), *The handbook of social psychology* (Vol. 2, 4th ed., pp.504—553). Boston: McGraw-Hill.

Cronin, T. J., Levin, S., Branscombe, N. R., van Laar, C., & Tropp, L. R. (2012). Ethnic identification in response to perceived discrimination protects well-being and promotes activism: A longitudinal study of Latino college students. *Group Processes & Intergroup Relations, 15*, 393—407.

Crosby, F. (1976). A model of egoistical relative deprivation. *Psychological Review, 83*, 85—113.

Crosby, F. (1984). The denial of personal discrimination. *American Behavioral Scientist, 27*, 371—386.

Cross, W. E., Jr. (1971). The negro-to-black conversion experience. *Black World, 20*, 13—27.

Cross, W. E., Jr. (1991). *Shades of black: Diversity in African-American identity*. Philadelphia: Temple University Press.

Cross, W. E., Jr., & Vandiver, B. J. (2001). Nigrescence theory and measurement: Introducing the Cross Racial Identity Scale (CRIS). In J. G. Ponterotto, J. M. Casas, L. A. Suzuki, & C. M. Alexander (Eds.), *Handbook of multicultural counseling* (pp.371—393). Sage Publications, Inc.

Crow, S. M., Folk, L. Y., & Hartman, S. J. (1998). Who is at greatest risk of workrelated discrimination: Women, blacks, or homosexuals? *Employee Responsibilities and Rights Journal, 11*, 15—26.

Crowe, E., & Higgins, E. T. (1997). Regulatory focus and strategic inclinations: Promotion and prevention in decision making. *Organizational Behavior and Human Decision Processes, 69*, 117—132.

参考文献

Curtin, N., Stewart, A. J., & Cole, E. R. (2015). Challenging the status quo: The role of intersectional awareness in activism for social change and pro-social intergroup attitudes. *Psychology of Women Quarterly*, *39*, 512—529.

Curtin, N., Stewart, A. J., & Duncan, L. E. (2010). What makes the political personal? Openness, personal political salience, and activism. *Journal of Personality*, *78*, 943—968.

Dalton, R., Sickle, A. V., & Weldon, S. (2010). The individual-institutional nexus of protest behaviour. *British Journal of Political Science*, *40*, 51—73.

Danaher, K., & Branscombe, N. R. (2010). Maintaining the system with tokenism: Bolstering individual mobility beliefs and identification with a discriminating organization. *British Journal of Social Psychology*, *49*, 343—362.

Darwin, C. (1965). *The expression of the emotions in man and animals*. Chicago: University of Chicago Press.

Davidson, R. J., & Irwin, W. (1999). The functional neuroanatomy of emotion and affective style. *Trends Cognitive Sciences*, *3*, 11—21.

Davies, J. C. (1962). Toward a Theory of Revolution. *American Sociological Review*, *27*, 5—19.

de la Sablonnière, R., Lina, J., & Cardenas, D. (2019). Rethinking current models in social psychology: A bayesian framework to understand dramatic social change. *British Journal of Social Psychology*, *58*, 175—195.

de Weerd, M., & Klandermans, B. (1999). Group identification and political protest: Farmers' protest in the Netherlands. *European Journal of Social Psychology*, *29*, 1073—1095.

Deaux, K. (2001). Social identity. In J. Worrell (Ed.), *Encyclopedia of women and gender* (Vol. 2, pp.1059—1067). San Diego, CA: Academic Press.

Della Porta, D. (1995). *Social movements, political violence, and the state*. Cambridge: Cambridge University Press.

Dentith, M., & Orr, M. (2017). Secrecy and conspiracy. *Episteme*, *15*, 1—18.

Doosje, B., Branscombe, N. R., Spears, R., & Manstead, A. S. R. (1998).

Guilty by association: When one's group has a negative history. *Journal of Personality & Social Psychology, 75,* 872—886.

Drury, J., & Reicher, S. (2000). Collective action and psychological change: The emergence of new social identities. *British Journal of Social Psychology, 39,* 579—604.

Drury, J., & Reicher, S. (2005). Explaining enduring empowerment: A comparative study of collective action and psychological outcomes. *European Journal of Social Psychology, 35,* 35—58.

Drury, J., & Reicher, S. (2009). Collective psychological empowerment as a model of social change: Researching crowds and power. *Journal of Social Issues, 65,* 707—725.

Drury, J., Brown, R., Gonzalez, R., & Miranda, D. (2016). Emergent social identity and observing social support predict social support provided by survivors in a disaster: Solidarity in the 2010 Chile earthquake. *European Journal of Social Psychology, 46,* 209—223.

Duhigg, J. M., Rostosky, S. S., Gray, B. E., & Wimsatt, M. K. (2010). Development of heterosexuals into sexual-minority allies: A qualitative exploration. *Sexuality Research and Social Policy, 7,* 2—14.

Dumont, M., Yzerbyt, V., Wigboldus, D., & Gordijn, E. H. (2003). Social categorization and fear reactions to the september 11th terrorist attacks. *Personality and Social Psychology Bulletin, 29,* 1509—1520.

Duncan, L. E. (1999). Motivation for collective action: Group consciousness as mediator of personality, life experiences, and women's rights activism. *Political Psychology, 20,* 611—635.

Duncan, L. E. (2010). Using group consciousness theories to understand political activism: Case studies of Barack Obama, Hillary Clinton, and Ingo Hasselbach. *Journal of personality, 78,* 1601—1636.

Duncan, L. E., & Agronick, G. S. (1995). The intersection of life stage and social events: Personality and life outcomes. *Journal of personality and social psychology, 69,* 558.

参考文献

Duncan, L. E., & Stewart, A. J. (1995). Still bringing the Vietnam War home: Sources of contemporary student activism. *Personality and Social Psychology Bulletin, 21*, 914—924.

Duncan, L. E., & Stewart, A. J. (2000). A generational analysis of women's rights activists. *Psychology of Women Quarterly, 24*, 297—308.

Duncan, L. E., & Stewart, A. J. (2007). Personal political salience: The role of personality in collective identity and action. *Political Psychology, 28*, 143—164.

Duncan, L. E., Peterson, B. E., & Winter, D. G. (1997). Authoritarianism and gender roles: Toward a psychological analysis of hegemonic relationships. *Personality and Social Psychology Bulletin, 23*, 41—49.

Durkheim, E. (1912). *The elementary forms of the religious life*. New York: Free Press.

Durkheim, E. (1961). *The elementary forms of the religious life*. New York: Collier Books.

Eagly, A. H., & Chaikan, S. (1998). *Attitude structure and function.* In D. T. Gilbert, S. T. Fiske, & G. Lindzey (Eds.), *The handbook of social psychology (4th ed., Vol. 1*, pp.269—322). New York: McGraw-Hill.

Earl, J., & Kimport, K. (2009). Movement societies and digital protest: Fan activism and other nonpolitical protest online. *Sociological Theory, 27*, 220—243.

Earl, J., Kimport, K., Prieto, G., Rush, C., & Reynoso, K. (2010). Changing the world one webpage at a time: Conceptualizing and explaining Internet activism. *Mobilization: An International Quarterly, 15*, 425—446.

Ekman, P. (1993). An argument for basic emotion. *Cognition and Emotion, 6*, 169—200.

Ellemers, N., & Van Laar, C. (2010). Individual mobility. In J. Dovidio, M. Hewstone, P. Glick, & V. Esses (Eds.). *Handbook of prejudice and discrimination* (pp. 561—576). London, UK: Sage.

Ellemers, N. (1993). The influence of socio-structural variables on identity enhancement strategies. *European Review of Social Psychology, 4*, 27—57.

Ellemers, N., Pagliaro, S., Barreto, M., & Leach, C. W. (2008). Is it better to be moral than smart? The effects of morality and competence norms on the decision to work at group status improvement. *Journal of Personality and Social Psychology, 95*, 1397—1410.

Ellemers, N., Spears, R., & Doosje, B. (1997). Sticking together of falling apart: Ingroup identification as a psychological determinant of group commitment versus individual mobility. *Journal of Personality and Social Psychology, 72*, 617—626.

Ellemers, N., Wilke, H., & Van Knippenberg, A. (1993). Effects of the legitimacy of low group or individual status on individual and collective status-enhancement strategies. *Journal of Personality and Social Psychology, 64*, 766—778.

Elliott, L. (2013). *Did Margaret Thatcher transform Britain's economy for better or worse?* The guardian. Retrieved from https://www.theguardian.com/business/2013/apr/08/margaret-thatcher-transform-britain-economy

Erikson, E. H. (1963). *Youth: Change and challenge*. Basic books.

Esarey, A., & Qiang, X. (2008). Political expression in the chinese blogosphere: Below the radar. *Asian Survey, 48*, 752—772.

Eyerman, R. (2005). How social movements move: Emotions and social movements. In H. Flam (Ed.), *Emotions and social movements* (pp.41—56). London: Routledge.

Ezekiel, R. S. (1996). *The racist mind: Portraits of American neo-Nazis and Klansmen*. Penguin (Non-Classics).

Fahs, B. (2007). Second shifts and political awakenings: Divorce and the political socialization of middle-aged women. *Journal of Divorce & Remarriage, 47*, 43—66.

Farro, A. L., & Demirhisar, G. D. (2014). The Gezi Park movement: A Turkish experience of the twenty-first-century collective movements. *International Review of Sociology, 24*, 176—189.

Feather, N., & Newton, J. W. (1982). Values, expectations, and the prediction of social action: An expectancy-valence analysis. *Motivation and Emotion, 6*, 217—244.

参考文献

Feinberg, M., Willer, R., & Kovacheff, C. (2017). Extreme protest tactics reduce popular support for social movements. Unpublished manuscript. Retrieved from https://papers.ssrn.com/sol3/papers.cfm?abstract_id=2911177

Festinger, L., & Carlsmith, J. M. (1959). Cognitive consequences of forced compliance. *Journal of Abnormal and Social Psychology, 58*, 203—210.

Fischer, F. B., Becker, J. C., Kito, M., & Nayır, Z. D. (2017). Collective action against sexism in Germany, Turkey, and Japan: The influence of self-construal and face concerns. *Group Processes & Intergroup Relations, 20*, 409—423.

Fishbein, M., & Ajzen, I. (1975). *Belief, attitude, intention, and behavior: An introduction to theory and research*. Reading, MA: Addison-Wesley.

Flood, P. (1993). An expectancy value analysis of the willingness to attend union meetings. *Journal of Occupational and Organizational Psychology, 66*, 213—223.

Folger, R. (1977). Distributive and procedural justice: Combined impact of voice and improvement on experienced inequity. *Journal of Personality and Social Psychology, 35*, 108—119.

Folger, R. (1987). Reformulating the preconditions of resentment: A referent cognitions model. In J. C. M. W. P. Smith (ed.), *Social comparison, social justice, and relative deprivation*. London: Erlbaum.

Forgas, J. F., Kelemen, L., & Laszlo, J. (2015). Social cognition and democracy: An Eastern European case study. In J. P. Forgas, K. Fiedler, & W. D. Crano (Eds.), *Social psychology and politics* (pp.263—285). New York: Taylor & Francis.

Forgas, J. P. & Jones, R. (1985). *Interpersonal behaviour: The psychology of social interaction*. Pergamon Press.

Foster, M. D. (2015). Tweeting about sexism: The well-being benefits of a social media collective action. *British Journal of Social Psychology, 54*, 629—647.

Foster, M. D., & Matheson, K. (1999). Perceiving and Responding to the Personal/Group Discrimination Discrepancy. *Personality and Social Psychology Bulletin, 25*, 1319—1329.

Foster, M. D., & Matheson, K. (2016). Double relative deprivation: Combining the personal and political. *Personality and Social Psychology Bulletin, 21*, 1167—1177.

Fox Tree, E. (2010). *Global linguistics, Mayan languages, and the cultivation of autonomy*. In M. Blaser, R. de Costa, D. McGregor, & W. D. Coleman (Eds.), *Indigenous peoples and autonomy: Insights for a global age* (pp.80—106). Vancouver, Canada: UBC Press.

Fox, D., & Schofield, J. W. (1989). Issue salience, perceived efficacy and perceived risk: A study of the origins of anti-nuclear war activity. *Journal of Applied Social Psychology, 19*, 805—827.

Fox-Cardamone, L., Hinkle, S., & Hogue, M. (2000). The correlates of antinuclear activism: Attitudes, subjective norms, and efficacy. *Journal of Applied Social Psychology, 30*, 484—498.

Frable, D. E., Platt, L., & Hoey, S. (1998). Concealable stigmas and positive self-perceptions: Feeling better around similar others. *Journal of personality and social psychology, 74*, 909.

Freud, M. (1958). *Sigmund Freud, man and father*. New York: Vanguard Press.

Friedman, C. K., & Ayres, M. (2013). Predictors of feminist activism among sexual-minority and heterosexual college women. *Journal of Homosexuality, 60*, 1726—1744.

Friedman, R. S., & Förster, J. (2001). The effects of promotion and prevention cues on creativity. *Journal of Personality and Social Psychology, 81*, 1001—1013.

Gaffney, A. M., & Hogg, M. A. (2017). *Social identity and social influence*. In S. Harkins, K. D. Williams & J. Burger (Eds.), The Oxford handbook of social influence (pp.207—223). New York, NY: Oxford University Press.

Gaffney, A. M., Sherburne, B., Hackett, J. D., Rast, D. E., & Hohman, Z. P. (2019). The transformative and informative nature of elections: Representation, schism, and exit. *British Journal of Social Psychology, 58*(1), 88—104.

Gallese, V. (2001). The "Shared Manifold" Hypothesis: From mirror neurons to empathy. *Journal of Consciousness Studies, 8*, 33—50.

Gallup. (2018). *Presidential approval ratings—Donald Trump.* Gallup Research Inc. USA. Retrieved from https://news. gallup. com/poll/203198/presidential-approval-ratings-donald-trump. aspx

Galvin, S. L., & Herzog, H. A. (1998). Attitudes and dispositional optimism of animal rights demonstrators. *Society & Animals, 6*, 1—11.

Gamson, J. (1997). Messages of exclusion: Gender, movements, and symbolic boundaries. *Gender and Society, 11*, 178—199.

Gamson, W. A. (1992). The social psychology of collective action. In A. D. Morris & C. M. Müller (Eds.), *Frontiers in protest movement theory* (pp.53—76). New Haven, CT: Yale University Press.

Gardner, M., & Steinberg, L. (2005). Peer influence on risk taking, risk preference, and risky decision making in adolescence and adulthood: An experimental study. *Developmental psychology, 41*, 625—635.

Garrett, R. K. (2009). Echo chambers online? Politically motivated selective exposure among Internet news users. *Journal of Computer-Mediated Communication, 14*, 265—285.

Geers, A. L., Weiland, P. E., Kosbab, K., Landry, S. J., & Helfer, S. G. . (2005). Goal activation, expectations, and the placebo effect. *Journal of Personality & Social Psychology, 89*, 143—159.

Gervais, S. J., Hillard, A. L., Vescio, T. K. (2010). Confronting sexism: The role of relationship orientation and gender. *Sex Roles, 63*, 463—474.

Geschke, D., Lorenz, J., & Holtz, P. (2019). The triple-filter bubble: Using agent-based modelling to test a meta-theoretical framework for the emergence of filter bubbles and echo chambers. *British Journal of Social Psychology, 58*, 129—149.

Gilster, M. E. (2012). Comparing neighborhood-focused activism and volunteerism: Psychological well-being and social connectedness. *Journal of Community Psychology, 40*, 769—784.

Ginsburg, F. D. (1998). *Contested Lives: The abortion debate in an American* community (updated, with a new afterword. 2nd ed.). Berkeley: University of California Press.

Glasford, D. E., & Pratto, F. (2014). When extraordinary injustice leads to ordinary response: How perpetrator power and size of an injustice event affect bystander efficacy and collective action. *European Journal of Social Psychology*, *44*, 590—601.

Goldenberg, A., Saguy, T., & Halperin, E. (2014). How group-based emotions are shaped by collective emotions: Evidence for emotional transfer and emotional burden. *Journal of Personality & Social Psychology*, *107*, 581—596.

Goodwin, J., & Jasper, J. M. (2006). Emotions and Social Movements. In J. E. Stets & J. H. Turner (Eds.), *Handbook of the Sociology of Emotions* (Vol. 31, pp.611—635). Springer US.

Goodwin, J., Jasper, J. M., & Polletta, F. (2001). *Passionate politics: Emotions and social movements.* Chicago & London: University of Chicago.

Górska, P., & Bilewicz, M. (2015). When "a group in itself" becomes "a group for itself": Overcoming inhibitory effects of superordinate categorization on LGBTQ individuals. *Journal of Social Issues*, *71*, 554—575.

Gould, D. B. (2009). *Moving politics, emotion and act up's fight against aids.* Chicago: The University of Chicago Press.

Green, E. G., Sarrasin, O., & Maggi, J. (2014). Understanding transnational political involvement among Senegalese migrants: The role of acculturation preferences and perceived discrimination. *International Journal of Intercultural Relations*, *41*, 91—101.

Greenaway, K. H., Cichocka, A., van Veelen, R., Likki, T., & Branscombe, N. R. (2016). Feeling hopeful inspires support for social change. *Political Psychology*, *37*, 89—107.

Greenberg, M., & Schneider, D. (1997). Neighborhood quality, environmental hazards, personality traits, and resident actions. *Risk Analysis*, *17*, 169—175.

Griskevicius, V., Goldstein, N. J., Mortensen, C. R., Cialdini, R. B., & Kenrick,

D. T. (2006). Going along versus going alone: When fundamental motives facilitate strategic (non) conformity. *Journal of Personality and Social Psychology, 91*, 281—294.

Grzanka, P. R., Adler, J., & Blazer, J. (2015). Making up allies: The identity choreography of straight LGBT activism. *Sexuality Research and Social Policy, 12*, 165—181.

Gurin, P. (1985). Women's gender consciousness. *Public Opinion Quarterly, 49*, 143—163.

Gurin, P., Miller, A. H., & Gurin, G. (1980). Stratum identification and consciousness. *Social Psychology Quarterly, 43*, 30—47.

Gurr, T. R. (1970). *Why men rebel*. Princeton, NJ: Princeton University Press.

Guttman, L. (1947). On Festinger's evaluation of scale analysis. *Psychological Bulletin, 44*, 451—465.

Hafer, C. L., & Olson, J. M. (1989). Beliefs in a just world and reactions to personal deprivation. *Journal of Personality, 57*, 799—823.

Halperin, E., & Pliskin, R. (2015). Emotions and emotion regulation in intractable conflict: Studying emotional processes within a unique context. *Political Psychology, 36*, 119—150.

Halperin, E., Russell, A. G., Dweck, C. S., & Gross, J. J. (2011). Anger, hatred, and the quest for peace: Anger can be constructive in the absence of hatred. *Journal of Conflict Resolution, 55*(2), 274—291.

Hart, H. M., McAdams, D. P., Hirsch, B. J., & Bauer, J. J. (2001). Generativity and social involvement among African Americans and White adults. *Journal of research in personality, 35*, 208—230.

Hatfield, E., Cacioppo, J. T., & Rapson, R. L. (1993). *Emotional contagion*. New York: Cambridge University Press.

Heerdink, M. W., van Kleef, G. A., Homan, A. C., & Fischer, A. H. (2013). On the social influence of emotions in groups: Interpersonal effects of anger and happiness on conformity versus deviance. *Journal of Personality and Social*

Psychology, 105, 262—284.

Hegarty, P., & Pratto, F. (2001). The effects of category norms and stereotypes on explanations of intergroup differences. *Journal of Personality and Social Psychology, 80,* 723—735.

Henderson-King, D., & Stewart, A. J. (1999). Educational experiences and shifts in group consciousness: Studying women. *Personality and Social Psychology Bulletin, 25,* 390—399.

Higgins, E. T. (1987). Self-discrepancy: A theory relating self and affect. *Psychological Review, 94,* 319—340.

Higgins, E. T. (1990). Personality, social psychology, and person-situation relations: Standards and knowledge activation as a common language. In L. A. Pervin (Ed.), *Handbook of personality: Theory and research* (pp.301—338). The Guilford Press.

Higgins, E. T. (1997). Beyond pleasure and pain. *American Psychologist, 52,* 1280—1300.

Higgins, E. T., Idson, L. C., Freitas, A. L., Spiegel, S., & Molden, D. C. (2003). Transfer of value from fit. *Journal of Personality and Social Psychology, 84,* 1140—1153.

Higgins, E. T., Roney, C., Crowe, E., & Hymes, C. (1994). Ideal versus ought predilections for approach and avoidance: Distinct self-regulatory systems. *Journal of Personality and Social Psychology, 66,* 276—286.

Hindriks, P., Verkuyten, M., & Coenders, M. (2014). Dimensions of social dominance orientation: The roles of legitimizing myths and national identification. *European Journal of Personality, 28,* 538—549.

Holloway, J. (2010). *Crack capitalism.* London, UK: Pluto Press.

Holtz, P., Wagner, W., & Sartawi, M. (2015). Discrimination and immigrant identity: Fundamentalist and secular Muslims facing the Swiss Minaret Ban. *Journal of the Social Sciences, 43,* 9—29.

Hornsey, M., Blackwood, L., Louis, W., Fielding, K., Mavor, K., Morton,

T., ... & White, K. M. (2006). Why do people engage in collective action? Revisiting the role of perceived effectiveness. *Journal of Applied Social Psychology*, *36*, 1701—1722.

Hurtado, A. (1989). Relating to privilege: Seduction and rejection in the subordination of white women and women of color. *Signs: Journal of Women in Culture and Society*, *14*, 833—855.

Hyers, L. L. (2007). Resisting prejudice every day: Exploring women's assertive responses to anti-Black racism, anti-Semitism, heterosexism, and sexism. *Sex Roles*, *56*, 1—12.

Iacoboni, M. (2009). Imitation, empathy, and mirror neurons. *Annual Review of Psychology*, *60*, 653—670.

Iyer, A., & Leach, C. W. (2010). Helping disadvantaged out-groups challenge unjust inequality: The role of group-based emotions. In S. Stürmer & M. Snyder (Eds.), *The psychology of prosocial behavior: Group processes, intergroup relations, and helping* (pp.337—353). Wiley-Blackwell.

Janis, I. L. (1972). *Victims of groupthink*. New York: Houghton Mifflin.

Janoff-Bulman, R., Sheikh, S., & Hepp, S. (2009). Proscriptive vs. prescriptive morality: Two faces of moral regulation. *Journal of Personality and Social Psychology*, *96*, 521—537.

Jasper, J. M. (1999). *The art of moral protest: Culture, biography, and creativity in social movements*. Chicago: University of Chicago Press.

Jasper, J. M., Goodwin, J., & Polletta, F. (2001). *Passionate politics: Emotions and social movements*. Chicago: University of Chicago Press.

Jennings, M. K. (1991). Thinking about social injustice. *Political Psychology*, *12*, 187—204.

Jennings, M. K., & Niemi, R. G. (1982). *Generations and politics: A panel study of young adults and their parents*. Princetion, NJ: Princeton University Press.

John, N. A., & Dvir-Gvirsman, S. (2015). "I don't like you any more": Facebook unfriending by Israelis during the Israel-Gaza Conflict of 2014. *Journal of*

Communication, *65*, 953—974.

Johnson, S. (2010). *Where good ideas come from: The natural history of innovation.* New York: Penguin.

Johnston, H. (2011). *States and social movements.* Polity Press.

Jonas, E., Schulz-Hardt, S., Frey, D., & Thelen, N. (2001). Confirmation bias in sequential information search after preliminary decisions: An expansion of dissonance theoretical research on selective exposure to information. *Journal of Personality and Social Psychology, 80*, 557.

Jost, J. T. (2006). The end of the end of ideology. *American Psychologist, 61*, 651—670.

Jost, J. T., & Burgess, D. (2000). Attitudinal ambivalence and the conflict between group and system justification motives in low status groups. *Personality and Social Psychology Bulletin, 26*, 293—305.

Jost, J. T., & Hunyady, O. (2005). Antecedents and consequences of system-justifying ideologies. *Current Directions in Psychological Science, 14*, 260—265.

Jost, J. T., & Major, B. (2001). *The psychology of legitimacy: Emerging perspectives on ideology, justice, and intergroup relations. Cambridge:* Cambridge University Press.

Jost, J. T., Chaikalis-Petritsis, V., Abrams, D., Sidanius, J., van der Toorn, J., & Bratt, C. (2012). Why men (and women) do and don't rebel: Effects of system justification on willingness to protest. *Personality and Social Psychology Bulletin, 38*, 197—208.

Jost, J. T., Glaser, J., Kruglanski, A. W., & Sulloway, F. J. (2003). Political conservatism as motivated social cognition. *Psychological bulletin, 129*(3), 339.

Kagitçibasi, Ç. (1996). The autonomous-relational self. *European Psychologist, 1*, 180—186.

Kanagawa, C., Cross, S. E., & Markus, H. R. (2001). "Who am I?" The cultural psychology of the conceptual self. *Personality and Social Psychology Bulletin, 27*, 90—103.

参考文献

Kavanagh, C. M., Jong, J., McKay, R., & Whitehouse, H. (2019). Positive experiences of high arousal martial arts rituals are linked to identity fusion and costly pro-group actions. *European Journal of Social Psychology, 49*, 461—481.

Kelloway, E., & Barling, J. (1993). Members' participation in local union activities: Measurement, prediction, and replication. *Journal of Applied Psychology, 78*, 262—279.

Kelly, C. (1993). Group identification, intergroup perceptions and collective action. *European Review of Social Psychology, 4*, 59—83.

Kelly, C., & Breinlinger, S. (1995). Identity and injustice: Exploring women's participation in collective action. *Journal of Community and Applied Social Psychology, 5*, 41—57.

Kelly, C., & Kelly, J. (1994). Who gets involved in collective action? Social psychological determinants of individual participation in trade unions. *Human Relations, 47*, 63—88.

Kelso, J. A. S. (1994). *Dynamic patterns: The self-organization of brain and behavior.* Cambridge, MA: MIT Press.

Kerbo, H. R. (1982). Movements of "crisis" and movements of "affluence" a critique of deprivation and resource mobilization theories. *Journal of Conflict Resolution, 26*, 645—663.

Kim, M., Aune, K. S., Hunter, J. E., Kim, H., Kim, J. (2001). The effect of culture and self-construals on predispositions toward verbal communication. *Human Communication Research, 27*, 382—408.

Klandermans, B. (1984). Mobilization and participation: Social-Psychological expansisons of resource mobilization theory. *American sociological review, 49*, 583—600.

Klandermans, B. (1986). Perceived costs and benefits of participation in union action. *Personnel Psychology, 39*, 379—397.

Klandermans, B. (1997). *The social psychology of protest.* Oxford, UK: Basil Blackwell.

Klandermans, B. (2003). Collective political action. In D. O. Sears, L. Huddy, & R. Jervis (Eds.), Oxford handbook of political psychology (pp.670—709). Oxford University Press.

Klandermans, B. (2004). The demand and supply of participation: Social-psychological correlates of participation in social movements. In D. A. Snow, S. Soule, & H. Kriesi (Eds.), Blackwell Companion to Social Movements (pp.360—379). Blackwell.

Klandermans, B. (2008). Contentious politics. Social Forces, 86, 1855—1857.

Klandermans, B., & Mayer, N. (2006). Extreme Right Activists in Europe: Through the Magnifying Glass. Abingdon & New York: Routledge.

Klandermans, B., & Oegema, D. (1987). Potentials, networks, motivations, and barriers: Steps towards participation in social movements. American sociological review, 52, 519—531.

Klandermans, B., & Van Stekelenburg, J. (2013). Social movements and the dynamics of collective action. In L. Huddy, D. O. Sears, & J. S. Levy (Ed.), The Oxford handbook of political psychology (second edition)(pp.774—812). Oxford: Oxford University Press.

Klandermans, B., & Van Stekelenburg, J. (2013). The social psychology of protest. Current Sociology, 61, 886—905.

Klandermans, B., Van der Toorn, J., & Van Stekelenburg, J. (2008). Embeddedness and identity: How immigrants turn grievances into action. American Sociological Review, 73, 992—1012.

Klandermans, P. G. (2014). Identity politics and politicized identities: Identity processes and the dynamics of protest. Political Psychology, 35, 1—22.

Kluegel, J. R., & Smith, E. R. (1986). Social institutions and social change. Beliefs about inequality: Americans' views of what is and what ought to be. Hawthorne, NY, US: Aldine de Gruyter.

Knobloch-Westerwick, S., Mothes, C., & Polavin, N. (2020). Confirmation bias, ingroup bias, and negativity bias in selective exposure to political information.

参考文献

Communication Research, 47, 104—124.

Kofta, M., Soral, W., & Bilewicz, M. (2020). What breeds conspiracy antisemitism? The role of political uncontrollability and uncertainty in the belief in Jewish conspiracy. *Journal of Personality and Social Psychology, 118*, 900—918.

KONDA Research and Consultancy. (2013). Gezi report. *Public perception of the "Gezi protests": Who were the people at the Gezi Park?* Retrieved from http://konda.com.tr/en/raporlar/KONDA_Gezi_Report.pdf

Koopmans, R., & Statham, P. (1999). Political claims analysis: Integrating protest event and political discourse approaches. *Mobilization: An International Quarterly, 4*, 203—221.

Koss, M. P., & Cleveland, H. H. (1997). Stepping on toes: Social roots of date rape lead to intractability and politicization. In M. D. Schwartz (Ed.), *Researching sexual violence against women: Methodological and personal perspectives* (pp.4—21). Sage Publications, Inc.

Kruglanski, A. W., & Fishman, S. (2006). The psychology of terrorism: "Syndrome" vs. "tool" perspectives. *Terrorism and political violence, 18*, 193—215.

Kuppens, P., & Tong, E. M. W. (2010). An appraisal account of individual differences in emotional experience. *Social and Personality Psychology Compass, 4*, 1138—1150.

Laird, J. D., & Bresler, D. (1992). The process of emotional experience: A self-perception theory. *Review of Personality and Social Psychology, 13*, 213—234.

Lalonde, R. N., & Silverman, R. A. (1994). Behavioral preferences in response to social injustice: The effects of group permeability and social identity salience. *Journal of Personality and Social Psychology, 66*, 78—85.

Lalonde, R. N., Stroink, M. L., & Aleem, M. R. (2002). Representations and preferences of responses to housing and employment discrimination. *Group Processes and Intergroup Relations, 5*, 83—102.

Lamont, M. (1992). *Money, markets, and morals*. Chicago, IL: University of Chicago Press.

Lamont, M. (2000). *The dignity of working men*. New York: Russell Sage.

Lamont, M., Silva, G. M., Welburn, J., Guetkow, J., Mizrachi, N., Herzog, H., & Reis, E. (2016). *Getting respect: Responding to stigma and discrimination in the United States, Brazil, and Israel*. Princeton, NJ: Princeton University Press.

Lanaj, K., Chang, C., & Johnson, R. E. (2012). Regulatory focus and work-related outcomes: A review and meta-analysis. *Psychological Bulletin, 138*, 998—1034.

Lazarus, R. S. (2001). Relational meaning and discrete emotions. In K. R. Scherer, A. Schorr, & T. Johnstone (Eds.), *Appraisal processes in emotion: Theory, methods, research* (pp.37—67). Oxford University Press.

Le Bon, G. (1896). *The crowd: A study of the popular mind*. New York: The Macmillan Co.

Leach, C. W., Iyer, A., & Pedersen, A. (2006). Anger and guilt about ingroup advantage explain the willingness for political action. *Personality and Social Psychology Bulletin, 32*, 1232—1245.

Lee, A. Y., Aaker, J., & Gardner, W. L. (2011). The pleasures and pains of distinct self-construals. *Journal of Personality and Social Psychology, 78*, 1122—1134.

Lei, Y.-W. (2011). The political consequences of the rise of the internet: Political beliefs and practices of chinese netizens. *Political Communication, 28*, 291—322.

Lendvai, P. (2017). *Orban: Europe's new strongman*. London, UK: Hurst & Company.

Leonard, D. J., Moons, W. G., Mackie, D. M., & Smith, E. R. (2011). "We're mad as hell and we're not going to take it anymore": Anger self-stereotyping and collective action. *Group Processes & Intergroup Relations, 14*, 99—111.

Leondar-Wright, B. (2014). *Missing class*. Ithaca, NY: Cornell University Press.

Lerner, J. S., & Keltner, D. (2001). Fear, anger, and risk. *Journal of Personality and Social Psychology, 81*, 146—159.

Leung, A. K.-Y., & Cohen, D. (2011). Within- and between-culture variation:

参考文献

Individual differences and the cultural logics of honor, face, and dignity cultures. *Journal of Personality and Social Psychology, 100*, 507—526.

Leyens, J.-P., Dardenne, B., & Fiske, S. T. (1998). Why and under which circumstances is a hypothesis-consistent strategy used in interviews? *British Journal of Social Psychology, 37*, 259—274.

Lin, N. (1999). Building a network theory of social capital. *Connections, 22*, 28—51.

Lockwood, P., Jordan, C., & Kunda, Z. (2002). Motivation by positive or negative role models: Regulatory focus determines who will best inspire us. *Journal of Personality and Social Psychology, 83*, 854—864.

Loewenstein, G. (1994). The psychology of curiosity: A review and reinterpretation. *Psychological Bulletin, 116*, 75—98.

Louis, W. R. (2009). Collective action—and then what? *Journal of Social Issues, 65*, 727—748.

Louis, W. R., Taylor, D. M., & Douglas, R. L. (2005). Normative influence and rational conflict decisions: Group norms and cost-benefit analyses for intergroup behaviour. *Group Processes and Intergroup Relations, 8*, 355—374.

Lundqvist, L.-O., & Dimberg, U. (1995). Facial expressions are contagious. *Journal of Psychophysiology, 9*, 203—211.

Lykes, M. B. (1985). Gender and individualistic vs. collectivist bases for notions about the self. *Journal of Personality, 53*, 356—383.

Mackie, D. M., Devos, T., & Smith, E. R. (2000). Intergroup emotions: Explaining offensive action tendencies in an intergroup context. *Journal of Personality and Social Psychology, 79*, 602—616.

Maeckelbergh, M. (2009). *The will of the many*. New York, NY: Pluto Press.

Maki, A., Dwyer, P. C., Blazek, S., Snyder, M., González, R., & Lay, S. (2019). Responding to natural disasters: Examining identity and prosociality in the context of a major earthquake. *British Journal of Social Psychology, 58*, 66—87.

Mallett, R. K., & Wagner, D. E. (2011). The unexpectedly positive consequences of confronting sexism. *Journal of Experimental Social Psychology, 47*, 215—220.

Markus, H. R., & Kitayama, S. (1991). Culture and the self: Implications for cognition, emotion, and motivation. *Psychological Review, 98*, 224—253.

McAdam, D. (1982). *Political process and the development of black Insurgency, 1930—1970.* Chicago: University of Chicago Press.

McAdam, D. (1986). Recruitment to high-risk activism: The case of Freedom Summer. *American Journal of Sociology, 92*, 64—90.

McAdam, D. (1988). *Freedom Summer.* New York: Oxford University Press.

McCarthy, J. D., & Zald, M. N. (1977). *The trend of social movements in America: Professionalization and resource mobilization.* Morristown: General Learning Press.

McClurg, S. (2003). Social networks and political participation: The role of social interaction in explaining political participation. *Political Research Quarterly, 56*, 448—464.

McDougall, W. (1923). Purposive or mechanical psychology? *Psychological Review, 30*, 273—288.

McFarland, S. (2010). Personality and support for universal human rights: A review and test of a structural model. *Journal of personality, 78*, 1735—1764.

McGarty, C., Bliuc, A. M., Thomas, E. F., & Bongiorno, R. (2009). Collective action as the material expression of opinion-based group membership. *Journal of Social Issues, 65*, 839—857.

McGarty, C., Thomas, E. F., Lala, G., Smith, L. G. E., & Bliuc, A. M. (2014). New technologies, new identities, and the growth of mass opposition in the Arab spring. *Political Psychology, 35*, 725—740.

McNeill, W. H. (1995). *Keeping together in time: Dance and drill in human history.* Cambridge, MA: Harvard University Press.

McPherson, M., Smith-Lovin, L., & Cook, J. M. (2001). Birds of a feather: Homophily in social networks. *Annual Review of Sociology, 27*, 415—444.

Melucci, A. (1996). *Challenging codes: Collective action in the information age.* Cambridge, England: Cambridge University Press.

Merton, R. (1960). *The ambivalences of Le Bon "the crowd"*. New York: The

参考文献

Viking.

Milkman, R. (2014). Millennial movements. *Dissent*, *61*, 55—59.

Moons, W. G., Leonard, D. J., Mackie, D. M., & Smith, E. R. (2009). I feel our pain: Antecedents and consequences of emotional self-stereotyping. *Journal of Experimental Social Psychology*, *45*, 760—769.

Morris, A. (1984). *The origins of the civil rights movement*. New York: Free Press.

Moscovici, S., & Nemeth, C. (1974). Social influence II: Minority influence. In C. Nemeth (Ed.), *Social psychology: Classic and contemporary integrations* (pp.217—249). Chicago, IL: Rand McNally.

Mullen, E., & Skitka, L. J. (2006). Exploring the psychological underpinnings of the moral mandate effect: Motivated reasoning, group differentiation, or anger? *Journal of Personality and Social Psychology*, *90*, 629—643.

Mummendey, A., Kessler, T., Klink, A., & Mielke, R. (1999). Strategies to cope with negative social identity: Predictions by social identity theory and relative deprivation theory. *Journal of personality and social psychology*, *76*, 229.

Nahapiet, J., & Ghoshal, S. (1998). Social Capital, Intellectual Capital, and the Organizational Advantage. *Academy of Management Review*, *23*, 242—266.

Neidhardt, F., & et Rucht, D. (1993). Auf dem Weg in die "Bewegungsgesellschaft"? Über die Stabilisierbarkeit sozialer Bewegungen. *Soziale Welt*, *44*, 305—326.

Neuberg, S., & Cottrell, C. (2002). Intergroup emotions: A biocultural approach. In D. Mackie & E. Smith (Eds.), *From prejudice to intergroup emotions: Different reactions to social groups* (pp.265—283). New York: Psychology Press.

Neville, F., & Reicher, S. (2011). The experience of collective participation: Shared identity, related-ness and emotionality. *Contemporary Social Science*, *6*, 377—396.

Norenzayan, A., & Heine, S. J. (2005). Psychological universals: What are they and how can we know? *Psychological Bulletin*, *131*, 763—784.

Nowak, A., & Vallacher, R. R. (2019). Nonlinear societal change: The perspective of dynamical systems. *British Journal of Social Psychology, 58*, 105—128.

Oegema, D., & Klandermans, B. (1994). Why social movement sympathizers don't participate: Erosion and nonconversion of support. *American Sociological Review, 59*, 703—722.

Ohbuchi, K.-I., & Atsumi, E. (2010). Avoidance brings Japanese employees what they care about in conflict management: Its functionality and "good member" image. *Negotiation and Conflict Management Research, 3*, 117—129.

Olson, M. (1965, 1977). *The logic of collective action: Public goods and the theory of groups.* Cambridge and London: Harvard University Press.

Osborne, D., Yogeeswaran, K., & Sibley, C. G. (2015). Hidden consequences of political efficacy: Testing an efficacy-apathy model of political mobilization. *Cultural Diversity and Ethnic Minority Psychology, 21*, 533.

Ostrom, E. (1990). *Governing the commons: The evolution of institutions for collective action.* Cambridge: Cambridge University Press.

Oyserman, D., Uskul, A. K., Yoder, N., Nesse, R. M., & Williams, D. R. (2007). Unfair treatment and self-regulatory focus. *Journal of Experimental Social Psychology, 43*, 505—512.

Pachankis, J. E. (2007). The psychological implications of concealing a stigma: A cognitive-affective-behavioral model. *Psychological bulletin, 133*, 328.

Parsons, T. (1937). *The structure of social action.* New York: Free Press.

Pearce, K. E., & Kendzior, S. (2012). Networked authoritarianism and social media in Azerbaijan. *Journal of Communication, 62*, 283—298.

Peterson, B. E., & Duncan, L. E. (1999). Generative concern, political commitment, and charitable actions. *Journal of Adult Development, 6*, 105—118.

Peterson, B. E., Smirles, K. A., & Wentworth, P. A. (1997). Generativity and authoritarianism: Implications for personality, political involvement, and parenting. *Journal of Personality and Social Psychology, 72*, 1202.

Pratto, F., Korchmaros, J. D., & Hegarty, P. (2007). When race and gender go without saying. *Social Cognition, 25*, 221—247.

参考文献

Putnam, R. D., Leonardi, R., & Nanetti, R. (1993). *Making democracy work: Civic traditions in modern Italy*. Princeton: Princeton University Press.

Qiu, L., Lin, H., Chiu, C. Y., & Liu, P. (2014). Online collective behaviors in China: Dimensions and motivations. *Analyses of Social Issues & Public Policy, 15*, 44—68.

Quinn, K. A., & Olson, J. M. (2001). Judgements of discrimination as a function of group experience and contextual cues. *Canadian Journal of Behavioural Science, 33*, 38—46.

Quinn, K. A., & Olson, J. M. (2003). Framing social judgment: Self-ingroup comparison and perceived discrimination. *Personality and Social Psychology Bulletin, 29*, 228—236.

Quinn, K. A., & Olson, J. M. (2011). Regulatory framing and collective action: The interplay of individual self-regulation and group behavior. *Journal of Applied Social Psychology, 41*, 2457—2478.

Ramirez-Valles, J., Kuhns, L. M., Vázquez, R., & Benjamin, G. D. (2014). Getting involved: Exploring Latino GBT volunteerism and activism in AIDS and LGBT organizations. *Journal of gay & lesbian social services, 26*, 18—36.

Renshon, S. A. (1974). *Psychological needs and political behavior: A theory of personality and political efficacy*. Free Press.

Reynolds, K. J., Oakes, P. J., Haslam, S. A., Nolan, N. A., & Dolnik, L. (2000). Responses to powerlessness: Stereotyping as an instrument of social conflict. *Group Dynamics: Theory, Research, and Practice, 4*, 275—290.

Richard, N. T., & Wright, S. C. (2010). Advantaged group members' reactions to tokenism. *Group Processes and Intergroup Relations, 13*, 559—569.

Rickard, K. M. (1989). The relationship of self-monitored dating behaviors to level of feminist identity on the Feminist Identity Scale. *Sex Roles, 20*, 213—226.

Rickard, K. M. (1990). The effect of feminist identity level on gender prejudice toward artists' illustrations. *Journal of Research in Personality, 24*, 145—162.

Ridgeway, C. (2011). *Framed by gender*. New York, NY: Oxford University Press.

Ridings, C. M., & Gefen, D. (2004). Virtual community attraction: Why people hang out online. *Journal of Computer-Mediated Communication, 10*(1).

Rimé, B. (2007). The social sharing of emotion as an interface between individual and collective processes in the construction of emotional climates. *Journal of Social Issues, 63,* 307—322.

Roets, A., Cornelis, I., & Van Hiel, A. (2014). Openness as a predictor of political orientation and conventional and unconventional political activism in Western and Eastern Europe. *Journal of personality assessment, 96,* 53—63.

Roggeband, C. M., & Duyvendak, J. W. (2013). The changing supply side of mobilization: Questions for discussion. In J. van Stekelenburg, C. Roggeband, & B. Klandermans (Eds.), *The future of social movement research: Dynamics, mechanisms, and processes* (pp.95—105). University of Minnesota Press.

Roseman, I. J. (1984). Cognitive determinants of emotion: A structural theory. In P. Shaver (Ed.), *review of personality and social psychology* (Vol. 5, pp.11—36). Beverly Hills, CA: Sage Publications.

Roseman, I. J., & Smith, C. A. (2001). Appraisal theory: Overview, assumptions, varieties, controversies. In K. R. Scherer, A. Schorr, & T. Johnstone (Eds.), *Appraisal processes in emotion: Theory, methods, research* (pp.3—19). Oxford University Press.

Rossano, M. J. (2012). The essential role of ritual in the transmission and reinforcement of social norms. *Psychological Bulletin, 138,* 529—549.

Runciman, W. G. (1966). *Relative deprivation and social justice: A study of attitudes to social inequality in twentieth-century England.* Berkeley: University of California Press.

Saab, R. (2011). *Developing efficacy and emotion routes to solidarity-based and violent collective action* (Unpublished doctorial dissertation). Cardiff University.

Saab, R., Tausch, N., Spears, R., & Cheung, W. Y. (2015). Acting in solidarity: Testing an extended dual pathway model of collective action by bystander group members. *British Journal of Social Psychology, 54,* 539—560.

Sabucedo, J. M., Duran, M., Alzate, M., & Rodriguez, M.-S. (2011). Emotional responses and attitudes to the peace talks with ETA Respuestas emocionales y actitudes hacia. *Revista Latinoamericana de Psicologia*, *43*, 289—296.

Saeri, A. K. (2015). *Collective action by outsiders to group conflict and inequality* (Unpublished doctorial dissertation). University of Queensland.

Saeri, A. K., Iyer, A., & Louis, W. R. (2015). Right-wing authoritarianism and social dominance orientation predict outsiders' responses to an external group conflict: Implications for identification, anger, and collective action. *Analyses of Social Issues and Public Policy*, *15*, 303—332.

Sassenberg, K., & Hansen, N. (2007). The impact of regulatory focus on affective responses to social discrimination. *European Journal of Social Psychology*, *37*, 421—444.

Sassenberg, K., Kessler, T., & Mummendey, A. (2003). Less negative = more positive? Social discrimination as avoidance or approach. *Journal of Experimental Social Psychology*, *39*, 48—58.

Scheepers, D., Spears, R., Doosje, B., & Manstead, A. S. R. (2006). Diversity in in-group bias: Structural factors, situational features, and social functions. *Journal of Personality and Social Psychology*, *90*, 944—960.

Scherer, K. R., & Ceschi, G. (1997). Lost luggage: A field study of emotion-antecedent appraisal. *Motivation & Emotion*, *21*, 211—235.

Scholer, A. A., Stroessner, S. J., & Higgins, E. T. (2008). Responding to negativity: How a risky tactic can serve a vigilant strategy. *Journal of Experimental Social Psychology*, *44*, 767—774.

Scholer, A. A., Zou, X., Fujita, K., Stroessner, S. J., & Higgins, E. T. (2010). When risk seeking becomes a motivational necessity. *Journal of Personality and Social Psychology*, *99*, 215—231.

Schuman, H., & Scott, J. (1989). Generations and collective memories. *American sociological review*, *4*, 359—381.

Selvanathan, H. P., & Lickel, B. (2019). Empowerment and threat in response to mass protest shape public support for a social movement and social change: A panel study in the context of the Bersih movement in Malaysia. *European Journal of Social Psychology*, *49*, 230—243.

Shah, J. Y., Brazy, P. C., & Higgins, E. T. (2004). Promoting us or preventing them: Regulatory focus and manifestations of intergroup bias. *Personality and Social Psychology Bulletin*, *30*, 433—446.

Shah, J., & Higgins, E. T. (2001). Regulatory concerns and appraisal efficiency: The general impact of promotion and prevention. *Journal of Personality and Social Psychology*, *80*, 693—705.

Shah, J., & Higgins, E. (1997). Expectancy × value effects: Regulatory focus as determinant of magnitude and direction. *Journal of Personality and Social Psychology, 73*, 447—458.

Shepherd, L., Spears, R., & Manstead, A. S. R. (2013). "This will bring shame on our nation": The role of anticipated group-based emotions on collective action. *Journal of Experimental Social Psychology, 49*, 42—57.

Shuman, E., Johnson, D., Saguy, T., & Halperin, E. (2018). Threat to the group's image can motivate high identifiers to take action against in-group transgressions. *Personality and Social Psychology Bulletin, 44*, 1523—1544.

Sibley, C. G., & Osborne, D. (2016). Ideology and post-colonial society. *Advances in Political Psychology, 37*, 115—161.

Sibley, C. G., Liu, J. H., Duckitt, J., & Khan, S. S. (2008). Social representations of history and the legitimation of social inequality: The form and function of historical negation. *European Journal of Social Psychology, 38*, 542—565.

Sidanius, J., & Pratto, F. (1999). Social dominance: An inter-group theory of social hierarchy and oppression. *New York: Cambridge University Press*.

Simon, B., & Grabow, O. (2010). The politicization of migrants: Further evidence that politicized collective identity is a dual identity. *Political Psychology, 31*, 717—738.

Simon, B., & Klandermans, B. (2001). Politicized collective identity: A social psychological analysis. *American Psychologist, 56*, 319—331.

参考文献

Simon, B., Loewy, M., Stürmer, S., Weber, U., Freytag, P., Habig, C., et al. (1998). Collective identification and social movement participation. *Journal of Personality and Social Psychology, 74*, 646—658.

Simon, B., Reichert, F., Schaefer, C. D., Bachmann, A., & Renger, D. (2015). Dual identification and the (de-) politicization of migrants: Longitudinal and comparative evidence. *Journal of Community & Applied Social Psychology, 25*, 193—203.

Skitka, L. J. (2002). Do the means always justify the ends, or do the ends sometimes justify the means? A value model of justice reasoning. *Personality and Social Psychology Bulletin, 28*, 588—597.

Skitka, L. J. (2003). Of different minds: An accessible identity model of justice reasoning. *Personality and Social Psychology Review, 7*, 286—297.

Skitka, L. J., & Mullen, E. (2002). The dark side of moral conviction. *Analyses of Social Issues and Public Policy, 2*, 35—41.

Skitka, L. J., Bauman, C. W., & Mullen, E. (2008). Morality and justice: An expanded theoretical perspective and empirical review. *Advances in Group Processes, 25*, 1—27.

Skitka, L. J., Bauman, C. W., & Sargis, E. G. (2005). Moral conviction: Another contributor to attitude strength or something more? *Journal of Personality & Social Psychology, 88*, 895—917.

Skowronski, J. J., & Carlston, D. E. (1987). Social judgment and social memory: The role of cue diagnosticity in negativity, positivity, and extremity biases. *Journal of Personality and Social Psychology, 52*, 689—699.

Skowronski, J. J., & Carlston, D. E. (1989). Negativity and extremity biases in impression formation: A review of explanations. *Psychological Bulletin, 105*, 131—142.

Smelser, N. J. (1962). *Theory of collective behavior.* Free Press of Glencoe.

Smith, C. A. (1976). *The theory of moral sentiments.* Oxford: Clarendon Press.

Smith, C. A., & Lazarus, R. S. (1990). Emotion and adaptation. In L. A. Pervin

(Ed.), *Handbook of personality theory and research* (pp.609—637). New York: Guilford.

Smith, E. R. (1993). *Social Identity and Social Emotions: Toward New Conceptualizations of Prejudice.* In D. M. Mackie & D. L. Hamilton (Eds.), *Affect, cognition, and stereotyping: Interactive processes in group perception* (pp.297—315). Academic Press.

Smith, H. J., & Ortiz, D. J. (2002). Is it just me? The different consequences of personal and group relative deprivation. In I. Walker, & H. J. Smith (Eds.), *Relative deprivation: Specification, development, and integration* (pp.91—115). Cambridge, UK: Cambridge University Press.

Smith, L. G. E, Livingstone, A. G., & Thomas, E. F. (2019). Advancing the social psychology of rapid societal change. *British Journal of Social Psychology, 58,* 33—44.

Snow, D. A., Rochford, E. B., Jr., & Benford, W. R. D. (1986). Frame alignment processes, micromobilization, and movement participation. *American Sociological Review, 51,* 254—258.

Snow, D. A. (2004). Framing process, ideology, and discursive fields. In D. A. Snow, S. A. Soule, & H. Kriesi (Eds.), *The Blackwell companion to social movements* (pp.380—412). Oxford: Blackwell.

Snyder, M., & Ickes, W. (1985). Personality and social behavior (3rd ed.). In G. Lindzey, & E. Aronson (Eds.), *Handbook of Social Psychology* (pp.883—948). New York: Random House.

Snyder, M., & Omoto, A. M. (2001). Basic research and practical problems: Volunteerism and the psychology of individual and collective action. In W. Wosinska, R. B. Cialdini, D. W. Barrett, & J. Reykowski (Eds.), *Applied social research. The practice of social influence in multiple cultures* (pp.287—307). Lawrence Erlbaum Associates Publishers.

Snyder, M., & Omoto, A. M. (2008). Volunteerism: Social issues perspectives and social policy implications. *Social Issues and Policy Review, 2,* 1—36.

Sohi, K. K., & Singh, P. (2015). Collective action in response to microaggression:

Implications for social well-being. *Race and Social Problems*, 7, 269—280.

Spears, R., Ellemers, N., & Doosje, B. (2009). Strength in numbers or less is more? A matter of opinion or a question of taste. *Personality and Social Psychology Bulletin*, 35, 1099—1111.

Stekelenburg, J. V., Anikina, N. C., Pouw, W. T., Petrovic, I., & Nederlof, N. (2013). From correlation to causation: The cruciality of a collectivity in the context of collective action. *Journal of social and political psychology*, 1, 161—187.

Stewart, A. J., & Gold-Steinberg, S. (1990). Midlife women's political consciousness: Case studies of psychosocial development and political commitment. *Psychology of Women Quarterly*, 14, 543—566.

Stewart, A. J., & Healy, J. M. (1989). Linking individual development and social changes. *American Psychologist*, 44, 30.

Stewart, T. L., Latu, I. M., Branscombe, N. R., & Denney, H. T. (2010). Yes we can! Prejudice reduction through seeing (inequality) and believing (in social change). *Psychological Science*, 21, 1557—1562.

Stewart, T. L., Latu, I. M., Branscombe, N. R., Phillips, N. L., & Ted Denney, H. (2012). White privilege awareness and efficacy to reduce racial inequality improve white americans' attitudes toward african americans. *Journal of Social Issues*, 68, 11—27.

Stott, C., & Reicher, S. (1998). Crowd action as intergroup process: Introducing the police perspective. *European Journal of Social Psycho logy*, 28, 509—529.

Stott, C., Adang, O., Livingstone, A., & Schreiber, M. (2007). Variability in the collective behaviour of England fans at Euro2004: "Hooliganism", public order policing and social change. *European Journal of Social Psychology*, 37, 75—100.

Stott, C., Ball, R., Drury, J., Neville, F., Reicher, S., Boardman, A., & Choudhury, S. (2018). The evolving normative dimensions of "riot": Towards an elaborated social identity explanation. *European Journal of Social Psychology*, 48, 834—849.

Stott, C., Hutchison, P., & Drury, J. (2001). "Hooligans" abroad? Inter-group dynamics, social identity and participation in collective "disorder" at the 1998 World Cup Finals. *British Journal of Social Psychology, 40*, 359—384.

Stouffer, S. A., Lumsdaine, A. A., Lumsdaine, M. H., Williams Jr., R. M., Smith, M. B., Janis, I. L., et al. (1949). *The American soldier: Combat and its aftermath. Studies in social psychology in World War II (Vol. 2)*. Princeton, NJ: Princeton University Press.

Stroebe, K. (2013). Motivated inaction: When collective disadvantage does not induce collective action. *Journal of Applied Social Psychology, 43*, 1997—2006.

Stroessner, S. J., & Heuer, L. B. (1996). Cognitive bias in procedural justice: Formation and implications of illusory correlations in perceived intergroup fairness. *Journal of Personality and Social Psychology, 71*, 717—728.

Stürmer, S. (2000). *Soziale Bewegungsbeteiligung: Ein psychologisches Zwei-Wege Modell (Social movement participation: A psychological dual-pathway model)*. Unpublished doctoral dissertation, Faculty of Philosophy, Christian-Albrechts-Universität zu Kiel.

Stürmer, S., & Simon, B. (2004a). Collective action: Towards a dual-pathway model. *European review of social psychology, 15*, 59—99.

Stürmer, S., & Simon, B. (2004b). The role of collective identification in social movement participation: A panel study in the context of the German gay movement. *Personality and Social Psychology Bulletin, 30*, 263—277.

Stürmer, S., & Simon, B. (2005). Collective action: Towards a dual-pathway model. *European Review of Social Psychology, 15*, 59—99.

Stürmer, S., Simon, B., Loewy, M., & Jorger, H. (2003) The dual-pathway model of social movement participation: The case of the fat acceptance movement. *Social Psychology Quarterly, 66*, 71—82.

Stürmer, S., Snyder, M., & Omoto, A. M. (2005). Prosocial emotions and helping: The moderating role of group membership. *Journal of personality and social psychology, 88*, 532.

Subašić, E., Reynolds, K. J., & Turner, J. C. (2008). The political solidarity model of social change: Dynamics of self-categorization in intergroup power relations. *Personality and Social Psychology Review*, *12*, 330—352.

Sunstein, C. R. (2018). *Republic: Divided democracy in the age of social media*. Princeton, NJ: Princeton University Press.

Svensson, M. (2014). Voice, power and connectivity in China's microblogosphere: Digital divides on SinaWeibo. *China Information, 28*, 168—188.

Swami, V., Voracek, M., Stieger, S., Tran, U. S., & Furnham, A. (2014). Analytic thinking reduces belief in conspiracy theories. *Cognition, 133*, 572—585.

Swank, E., & Fahs, B. (2013). An intersectional analysis of gender and race for sexual minorities who engage in gay and lesbian rights activism. *Sex Roles*, *68*, 660—674.

Sweetman, J. P., Spears, R., & Livingstone, A. G. (2010). Ideology and identity pathways to protest across status groups: Integrating social identity and social dominance approaches to social change. *Manuscript under review*.

Swidler, A. (1986). Culture in action: Symbols and strategies. *American Sociological Review, 51*, 273—286.

Swim, J. K., & Hyers, L. L. (1999). Excuse me—what did you just say?! Women's public and private responses to sexist remarks. *Journal of Experimental Social Psychology, 35*, 68—88.

Tajfel, H. E. (1978). *Differentiation between social groups: Studies in the social psychology of intergroup relations*. London: Academic Press.

Tajfel, H. (1972). Experiments in a vacuum. In H. Tajfel & J. Israel (Eds.), *The context of social psychology: A critical assessment* (pp.69—119). London, UK: Academic Press.

Tajfel, H. (1978). Social categorization, social identity and social comparison. In H. Tajfel (Ed.), *Differentiation between social groups* (pp.61—76). New York: Academic.

Tajfel, H. (1978). The achievement of inter-group differentiation. In H. Tajfel (Ed.), *Differentiation between social groups* (pp.77—100). London: Academic Press.

Tajfel, H. (1981). *Human groups and social categories.* Cambridge, UK: Cambridge University Press.

Tajfel, H. (1982). Social psychology of intergroup relations. *Annual review of psychology, 33*, 1—39.

Tajfel, H., & Turner, J. C. (1979). The social identity theory of intergroup behavior. In S. Worchel, & W. G. Austin (Eds.), *The social psychology of intergroup relations* (pp.33—47). Monterey: Brooks/Cole.

Tajfel, H., & Turner, J. C. (1986). *The social identity theory of inter-group behavior. Psychology of intergroup relations.* Chicago: Nelson-Hall.

Tajfel, H., Turner, J. C., Austin, W. G., & Worchel, S. (1979). An integrative theory of intergroup conflict. *Organizational identity: A reader, 56*, 65.

Tangney, J. P., Mashek, D., & Stuewig, J. (2007). Working at the social-clinical-community-criminology interface: The gmu inmate study. *Journal of Social and Clinical Psychology, 26*, 1—21.

Tarrow, S. (1994). *Power in movement: Social movements, collective action and politics.* Cambridge: Cambridge University Press.

Task Force on Aboriginal Languages and Cultures. (2005). *Towards a new beginning: A foundational report for a strategy to revitalize first nation, inuit, and métis languages and cultures.* Ottawa, Canada: Canadian Heritage, Aboriginal Affairs.

Tausch, N., & Becker, J. C. (2013). Emotional reactions to success and failure of collective action as predictors of future action intentions: A longitudinal investigation in the context of student protests in Germany. *British Journal of Social Psychology, 52*, 525—542.

Tausch, N., Becker, J., Spears, R., Christ, O., Saab, R., Singh, P., & Siddiqui, R. N. (2011). Explaining radical group behavior: Developing emotion and efficacy routes to normative and nonnormative collective action. *Journal of Personality and Social Psychology, 101*, 129—148.

Tausch, N., Saguy, T., & Bryson, J. (2015). How does intergroup contact affect social change? Its impact on collective action and individual mobility intentions among members of a disadvantaged group. *Journal of Social Issues*, *71*, 536—553.

Taylor, V. (2009). *The changing demand side of contention: From structure to meaning.* Paper presented at the Conference on Advancements in Social Movement Theories, Amsterdam, 30 September-2 October 2009.

Taylor, V., & Whittier, N. (1992). Collective identity in social movement communities: Lesbian feminist mobilization. In A. D. Morris & C. M. Mueller (Eds.), *Frontiers in social movement theory* (pp.104—129). New Haven: Yale University Press.

Taylor, V., & Whittier, N. (1995). Analytical approaches to social movement culture: The culture of the women's movement. In H. Johnston & B. Klandermans (Eds.), *Social movements and culture* (pp.163—187). Minneapolis: University of Minnesota.

Tetlock, P. E. (2002). Social functionalist frameworks for judgment and choice: Intuitive politicians, theologians, and prosecutors. *Psychological Review*, *109*, 451—471.

Tetlock, P. E., Kirstel, O. V., Elson, S. B., Green, M. C., & Lerner, J. S. (2000). The psychology of the unthinkable: Taboo trade-offs, forbidden base rates, and heretic counterfactuals. *Journal of Personality and Social Psychology*, *78*, 853—870.

Thomas, E. F., & Louis, W. R. (2014). When will collective action be effective? Violent and non-violent protests differentially influence perceptions of legitimacy and efficacy among sympathizers. *Personality & Social Psychology Bulletin, 40*, 263—276.

Thomas, E. F., McGarty, C., & Mavor, I. (2009). Aligning identities, emotions, and beliefs to create commitment to sustainable social and political action. *Personality and Social Psychology Review*, *13*, 194—218.

Ting-Toomey, S., & Kurogi, A. (1998). Facework competence in intercultural conflict: An updated face-negotiation theory. *International Journal of Intercultural*

Relations, 22, 187—225.

Tocqueville, A. D. (1945). *Democracy in America.* New York: Vintage Books.

Tropp, L. R., & Brown, A. C. (2004). What benefits the group can also benefit the individual: Group-enhancing and individual-enhancing motives for collective action. *Group Processes and Intergroup Relations, 7,* 267—282.

Tropp, L. R., Hawi, D. R., Van Laar, C., & Levin, S. (2012). Cross-ethnic friendships, perceived discrimination, and their effects on ethnic activism over time: A longitudinal investigation of three ethnic minority groups. *British Journal of Social Psychology, 51,* 257—272.

Turiel, E. (1983). *The development of social knowledge: Morality and convention.* New York: Cambridge University Press.

Turner, J. C., Hogg, M. A., Oakes, P. J., Reicher, S. D., & Wetherell, M. S. (1987). *Rediscovering the social group: A self-categorization theory.* Oxford, UK: Basil Blackwell.

Turner, M. (2007). Using emotion in risk communication: The Anger Activism Model. *Public Relations Review, 33,* 114—119.

Turner, R. H., & Killian, L. M. (1987). *Collective Behavior* (3rd ed.). Englewood Cliffs, NJ: Prentice Hall.

Tyler, T. R., & McGraw, K. M. (1983). The threat of nuclear war: Risk interpretation and behavioral response. *Journal of Social Issues, 39,* 25—40.

US Census Bureau. (2015, March 16). *Full-time, year-round workers and median earnings in the past 12 months by sex and detailed occupation: 2013.* Retrieved January 22, 2016, from http://www.census.gov/people/io/

Vail, III, K. E., Arndt, J., Motyl, M., & Pyszczynski, T. (2012). The aftermath of destruction: Images of destroyed buildings increase support for war, dogmatism, and death thought accessibility. *Journal of Experimental Social Psychology, 48,* 1069—1081.

Valdesolo, P., Ouyang, J., & DeSteno, D. (2010). The rhythm of joint action: Synchrony promotes cooperative ability. *Journal of Experimental Social Psychology,*

46, 693—695.

Vallacher, R. R., Coleman, P. T., Nowak, A., & Bui-Wrosinska, L. (2010). Rethinking intractable conflict: The perspective of dynamical systems. *American Psychologist, 65*, 262—278.

Vallone, R. P., Ross, L., & Lepper, M. R. (1985). The hostile media phenomenon: Biased perception and perceptions of media bias in coverage of the Beirut massacre. *Journal of Personality and Social Psychology, 49*, 577—585.

Van Breen, J. A., Spears, R., Kuppens, T., & de Lemus, S. (2018). Subliminal gender stereotypes: Who can resist? *Personality and Social Psychology Bulletin, 44*, 1648—1663.

Van Hiel, A., Duriez, B., & Kossowska, M. (2006). The presence of left-wing authoritarianism in Western Europe and its relationship with conservative ideology. *Political Psychology, 27*, 769—793.

Van Hiel, A., Onraet, E., & De Pauw, S. (2010). The relationship between social-cultural attitudes and behavioral measures of cognitive style: A meta-analytic integration of studies. *Journal of personality, 78*, 1765—1800.

Van Kleef, G. A., Van Doorn, E. A., Heerdink, M. W., & Koning, L. F. (2011). Emotion is for influence. *European Review of Social Psychology, 22*, 114—163.

Van Laer, J., & Van Aelst, P. (2010). Internet and social movement action repertoires: Opportunities and limitations. *Information Communication & Society, 13*, 1146—1171.

van Prooijen, J.-W., & Douglas, K. (2018). Belief in conspiracy theories: Basic principles of an emerging research domain. *European Journal of Social Psychology, 48*, 897—908.

Van Stekelenburg, J. (2006). Promoting or preventing social change: Instrumentality, identity, ideology, and group-based anger as motives of protest participation. Unpublished doctoral dissertation, Vrije Universiteit, Amsterdam, The Netherlands.

Van Stekelenburg, J. (2014). Going all the way: Politicizing, polarizing, and radicalizing identity offline and online. *Sociology Compass*, *5*, 540—555.

Van Stekelenburg, J., & Klandermans, B. (2007). It takes three to tango: Integrating structural and agency approaches to collective action. Paper presented at the American Sociological Association (ASA), New York, US.

Van Stekelenburg, J., & Klandermans, B. (2010). Individuals in movements: A social psychology of contention. In B. Klandermans & C. M. Roggeband (Eds.), *The handbook of social movements across disciplines* (pp.157—204). New York: Springer (reprint of 2007).

Van Stekelenburg, J., Klandermans, B., & Van Dijk, W. W. (2011). Combining motivations and emotion: The motivational dynamics of protest participation. *Revista de Psicología Social*, *26*, 91—104.

Van Stekelenburg, J., Klandermans, B., & Van Dijk, W. W., et al. (2009). Context matters: Explaining how and why mobilizing context influences motivational dynamics. *Journal of Social Issues*, *65*, 815—838.

Van Zomeren, M. V., & Lodewijkx, H. F. M. (2005). Motivated responses to "senseless" violence: Explaining emotional and behavioural responses through person and position identification. *European Journal of Social Psychology*, *35*, 755—766.

Van Zomeren, M., & Iyer, A. (2009). Introduction to the social and psychological dynamics of collective action. *Journal of Social Issues*, *65*, 645—660.

Van Zomeren, M., & Spears, R. (2009). Metaphors of protest: A classification of motivations for collective action. *Journal of Social Issues*, *65*, 661—679.

Van Zomeren, M., & Spears, R. (2011). The crowd as a psychological cue to in-group support for collective action against collective disadvantage. *Contemporary Social Science*, *6*, 325—341.

Van Zomeren, M., Leach, C. W., & Spears, R. (2012). Protesters as "passionate economists": A dynamic dual pathway model of approach coping with collective disadvantage. *Personality and Social Psychology Review*, *16*, 180—198.

Van Zomeren, M., Postmes, T., & Spears, R. (2008). Toward an integrative social identity model of collective action: A quantitative research synthesis of three socio-psychological perspectives. *Psychological bulletin*, *134*, 504—535.

Van Zomeren, M., Postmes, T., & Spears, R. (2012). On conviction's collective consequences: Integrating moral conviction with the social identity model of collective action. *British Journal of Social Psychology*, *51*, 52—71.

Van Zomeren, M., Postmes, T., Spears, R., & Bettache, K. (2011). Can moral convictions motivate the advantaged to challenge social inequality? Extending the social identity model of collective action. *Group Processes & Intergroup Relations*, *14*, 735—753.

Van Zomeren, M., Saguy, T., & Schellhaas, F. M. H. (2013). Believing in "making a difference" to collective efforts: Participative efficacy beliefs as a unique predictor of collective action. *Group Processes & Intergroup Relations*, *16*, 618—634.

Van Zomeren, M., Spears, R., & Leach, C. W. (2008). Exploring psychological mechanisms of collective action: Does relevance of group identity influence how people cope with collective disadvantage? *British Journal of Social Psychology*, *47*, 353—372.

Van Zomeren, M., Spears, R., Fischer, A. H., & Leach, C. W. (2004). Put your money where your mouth is! explaining collective action tendencies through group-based anger and group efficacy. *Journal of Personality and Social Psychology*, *87*, 649—664.

Vecchione, M., Schwartz, S. H., Caprara, G. V., Schoen, H., Cieciuch, J., Silvester, J., ... & Mamali, C. (2015). Personal values and political activism: A cross-national study. *British journal of psychology*, *106*, 84—106.

Velasquez, A., & LaRose, R. (2015). Youth collective activism through social media: The role of collective efficacy. *New Media & Society*, *17*, 899—918.

Verkuyten, M., & Slooter, L. A. (2008). Muslim and non-Muslim adolescents' reasoning about freedom of speech and minority rights. *Child Development*, *79*, 514—528.

Vinokur, A., & Burnstein, E. (1978). Novel argumentation and attitude change:

The case of polarization following group discussion. *European Journal of Social Psychology, 8*, 335—348.

Von Scheve, C., & Ismer, S. (2013). Towards a theory of collective emotions. *Emotion Review, 5,* 406—413.

Walker, I., & Smith, H. J. (2002). *Relative deprivation: Specification, development, and integration.* Cambridge University Press.

Weber, M. (1958). *The protestant ethics and the spirit of capitalism.* New York: Charles Scribner and Sons.

Weiman, G. (2006). *Terror on the internet. The new arena, the new challenges.* Washington, DC: United States Institute of Peace Press.

Wiley, S., Srinivasan, R., Finke, E., Firnhaber, J., & Shilinsky, A. (2013). Positive portrayals of feminist men increase men's solidarity with feminists and collective action intentions. *Psychology of Women Quarterly, 37*, 61—71.

Wiltermuth, S., & Heath, C. (2009). Synchrony and cooperation. *Psychological Ence, 20*, 1—5.

Wimmer, A. (2013). *Ethnic boundary making.* New York, NY: Oxford University Press.

Witte, K., & Allen, M. (2000). A meta-analysis of fear appeals: Implications for effective public health campaigns. *Health Education & Behavior, 27,* 591—615.

Wolf, S., Gregory, W. L., & Stephan, W. G. (1986). Protection motivation theory: Prediction of intentions to engage in anti-nuclear war behaviors. *Journal of Applied Social Psychology, 16,* 310—321.

Wolfsfeld, G., Opp, K. D., Dietz, H. A., & Green, J. D. (1994). Dimensions of political action: A cross-cultural analysis. *Social Science Quarterly, 75*, 98—114.

Wright, S. C. (1997). Ambiguity, social influence, and collective action: Generating collective protest in response to tokenism. *Personality and Social Psychology Bulletin, 23*, 1277—1290.

Wright, S. C. (2001a). Restricted intergroup boundaries: Tokenism, ambiguity, and the tolerance of injustice. In J. T. Jost, & B. Major (Eds.), *The psychology of legitimacy*. New York: Camebridge University Press.

Wright, S. C. (2001b). Strategic collective action: Social psychology and social change. In R. Brown & S. Gaertner (Eds.), *Blackwell Handbook of Social Psychology (Vol. 4): Intergroup processes* (pp.409—430). Oxford, UK: Blackwell.

Wright, S. C. (2009). The next generation of collective action research. *Journal of Social Issues, 65*, 859—879.

Wright, S. C. (2010). *Collective action and social change*. In J. F. Dovidio, M. Hewstone, P. Glick, & V. M. Esses (Eds.), *Handbook of prejudice, stereotyping, and discrimination* (pp.577—596). London, UK: SAGE.

Wright, S. C., & Taylor, D. M. (1995). Identity and the language of the classroom: Investigating the impact of heritage versus second language instruction on personal and collective self-esteem. *Journal of Educational Psychology, 87*, 241—252.

Wright, S. C., & Taylor, D. M. (1998). Responding to Tokenism: Individual action in the face of collective injustice. *European Journal of Social Psychology, 28*, 647—667.

Wright, S. C., & Taylor, D. M. (1999). Success under tokenism: Co-option of the newcomer and the prevention of collective protest. *British Journal of Social Psychology, 38*, 369—396.

Wright, S. C., Taylor, D. M., & Moghaddam, F. M. (1990). Responding to membership in a disadvantaged group: From acceptance to collective protest. *Journal of Personality & Social Psychology, 58*, 994—1003.

Wright, S. C., Taylor, D. M., & Moghaddam, F. M. (1990). The relationship of perceptions and emotions to behavior in the face of collective inequality. *Social Justice Research, 4*, 229—250.

Yang, G. (2009). Of sympathy and play: Emotional mobilization in online collective action. *The Chinese Journal of Communication and Society, 9*, 39—66.

Yeung, A. W., Kay, A. C., & Peach, J. M. (2014). Anti-feminist backlash: The role of system justification in the rejection of feminism. *Group Processes & Intergroup*

Relations, 17, 474—484.

Zhang, Y. C., Séaghdha, D. ó., Quercia, D., & Jambor, T. (2012). Auralist: Introducing serendipity into music recommendation. In *Proceedings of the Fifth ACM International Conference on Web Search and Data Mining* (pp.13—22). New York: ACM.

Zheng, Y., & Wu, G. (2005). Information technology, public space, and collective action in China. *Comparative Political Studies, 38*, 507—536.

Zheng, Y., & Zhang, C. (2012). Cyberactivism and collective agency: Cases from China. In M. D. Hercheui, D. Whitehouse, W. McIver, & J. Phahlamohlaka (eds), *HCC 2012: ICT critical infrastructures and society* (pp.310—319). Springer.

Zucker, A. N. (1999). The psychological impact of reproductive difficulties on women's lives. *Sex roles, 40*, 767—786.

Zucker, A. N., & Stewart, A. J. (2007). Growing up and growing older: Feminism as a context for women's lives. *Psychology of Women Quarterly, 31*, 137—145.

图书在版编目（CIP）数据

时代变迁中的"乌合之众"：集体行动的社会心理学解读/姚琦著. — 上海：上海教育出版社，2021.10
（俊秀青年书系/郝宁主编）
ISBN 978-7-5720-1171-9

Ⅰ.①时… Ⅱ.①姚… Ⅲ.①社会心理学–研究
Ⅳ.①C912.6-0

中国版本图书馆CIP数据核字(2021)第202432号

责任编辑　金亚静
装帧设计　闻人印画

俊秀青年书系
郝　宁　主编
Shidai Bianqian zhong de "Wuhe zhi Zhong"：Jiti Xingdong de Shehui Xinlixue Jiedu
时代变迁中的"乌合之众"：集体行动的社会心理学解读
姚　琦　著

出版发行	上海教育出版社有限公司
官　　网	www.seph.com.cn
地　　址	上海市永福路123号
邮　　编	200031
印　　刷	上海昌鑫龙印务有限公司
开　　本	890×1240　1/32　印张 7.625
字　　数	178 千字
版　　次	2021年10月第1版
印　　次	2021年10月第1次印刷
书　　号	ISBN 978-7-5720-1171-9/B·0031
定　　价	49.00 元

如发现质量问题，读者可向本社调换　电话：021-64377165